Praxisleitfaden für Führungskräfte im öffentlichen Dienst

Kristof Tobias Germer

Praxisleitfaden für Führungskräfte im öffentlichen Dienst

Den Führungsalltag erfolgreich gestalten

 Springer Gabler

Kristof Tobias Germer
Berlin, Deutschland

ISBN 978-3-662-66678-4   ISBN 978-3-662-66679-1   (eBook)
https://doi.org/10.1007/978-3-662-66679-1

Die Deutsche Nationalbibliothek verzeichnet diese Publikation in der Deutschen Nationalbibliografie; detaillierte bibliografische Daten sind im Internet über http://dnb.d-nb.de abrufbar.

© Der/die Herausgeber bzw. der/die Autor(en), exklusiv lizenziert an Springer-Verlag GmbH, DE, ein Teil von Springer Nature 2023
Das Werk einschließlich aller seiner Teile ist urheberrechtlich geschützt. Jede Verwertung, die nicht ausdrücklich vom Urheberrechtsgesetz zugelassen ist, bedarf der vorherigen Zustimmung des Verlags. Das gilt insbesondere für Vervielfältigungen, Bearbeitungen, Übersetzungen, Mikroverfilmungen und die Einspeicherung und Verarbeitung in elektronischen Systemen.
Die Wiedergabe von allgemein beschreibenden Bezeichnungen, Marken, Unternehmensnamen etc. in diesem Werk bedeutet nicht, dass diese frei durch jedermann benutzt werden dürfen. Die Berechtigung zur Benutzung unterliegt, auch ohne gesonderten Hinweis hierzu, den Regeln des Markenrechts. Die Rechte des jeweiligen Zeicheninhabers sind zu beachten.
Der Verlag, die Autoren und die Herausgeber gehen davon aus, dass die Angaben und Informationen in diesem Werk zum Zeitpunkt der Veröffentlichung vollständig und korrekt sind. Weder der Verlag, noch die Autoren oder die Herausgeber übernehmen, ausdrücklich oder implizit, Gewähr für den Inhalt des Werkes, etwaige Fehler oder Äußerungen. Der Verlag bleibt im Hinblick auf geografische Zuordnungen und Gebietsbezeichnungen in veröffentlichten Karten und Institutionsadressen neutral.

Planung/Lektorat: Christine Sheppard
Springer Gabler ist ein Imprint der eingetragenen Gesellschaft Springer-Verlag GmbH, DE und ist ein Teil von Springer Nature.
Die Anschrift der Gesellschaft ist: Heidelberger Platz 3, 14197 Berlin, Germany

Für
meinen Sohn
Linus Frederik,
stete Quelle meiner Inspiration und Schaffenskraft

und

für
meinen Vater
Klaus,
der mir stets mit guten Ideen unermüdlich
unterstützend und ausdauernd zur Seite steht.

Vorwort

Was macht den Arbeitsalltag einer Führungskraft in der öffentlichen Verwaltung aus und wie lässt er sich optimal gestalten? Diese Frage stellte ich mir im Zuge von wissenschaftlichen Untersuchungen und vertiefte sie in zahlreichen Gesprächen der letzten Jahre mit Führungspersonen aus unterschiedlichsten Kreisen in der öffentlichen Verwaltung.

Mit diesem Buch möchte ich Ergebnisse meiner Forschungserkenntnisse sowie meiner praktischen Erfahrungen allen Interessierten an die Hand geben. Ich werde dazu einen Einblick geben, wie der Alltag von Führungskräften in der öffentlichen Verwaltung aussehen kann und welche Methoden und Instrumente dabei helfen können, den Arbeitsalltag von Führungskräften erfolgreich zu unterstützen und positiver zu gestalten.

Anhand zweier Strukturierungsmodelle, die sich im Zuge meiner empirischen Forschungen aus den zurückliegenden Jahren als praxisanwendbar herausgestellt haben, sowie zahlreichen Erkenntnissen aus Gesprächen mit Praktikern zeige ich in verschiedenen Kapiteln zu den Themen Planung, Strategie, Organisation, Personalführung und Personaleinsatz, Controlling, Stakeholder, Machtverhältnisse und Entscheidungsverhalten Möglichkeiten auf, an welchen Stellen und wie der Praxisalltag von Führungskräften erfolgreicher gestaltet werden kann. Mit einer Auswahl von Instrumenten und wertvollen Praxistipps zu den jeweiligen Themen werden entsprechende Tools mit an die Hand gegeben.

Dieses Buch stellt daher über seine gesamte Breite einen Praxisleitfaden für Führungskräfte der öffentlichen Verwaltung dar, der dabei hilft, Aufgaben und Tätigkeiten des Alltages aus einem neuen Blickwinkel heraus zu betrachten und hinsichtlich unterschiedlichster Verbesserungsmöglichkeiten aufzuwerten.

Mit den Erkenntnissen dieses Buches möchte ich allen Führungskräften in der öffentlichen Verwaltung sowie in Organisationen ähnlicher Kontexte und Zusammenhänge praxisorientierte Vorschläge unterbreiten, die zur erfolgreicheren Gestaltung von Führungsaufgaben im Arbeitsalltag beitragen können. Wer bereits erfolgreich als Führungskraft agiert, kann sich mithilfe dieses Buches darüber hinaus einen weiteren Blick auf neue Perspektiven eröffnen.

Ziel dieses Buch ist es daher, Führungskräften praxisorientierte Ideen vorzustellen und Strukturierungsmöglichkeiten und Werkzeuge an die Hand zu geben, mit denen gutes Führen möglich wird. Die Anwendung eines Praxisleitfadens soll dabei helfen, die Übertragung in den Praxisalltag zu erleichtern. Die vorgestellten Ideen erfolgreich in der Praxis anzuwenden, obliegt am Ende Ihnen als Führungskraft.

Ich wünsche Ihnen für sich und für Ihre Mitarbeitenden eine gute Hand bei der Wahrnehmung Ihrer Führungsaufgaben.

Meine, Deutschland   Kristof Tobias Germer
den 15. April 2023

Inhaltsverzeichnis

Einleitung – Führungskräftealltag im öffentlichen Dienst

Zusammenfassung

In diesem ersten Kapitel wird nach einer kurzen Einführung zum Thema und der sich daran anschließenden Erläuterung der Struktur und des Aufbaus dieses Buches zu der Frage hingeleitet, welche Inhalte den Alltag einer Führungskraft im öffentlichen Dienst ausmachen. Dieses erste Kapitel befasst sich dazu mit praktischen Erfahrungen von Führungskräften in der öffentlichen Verwaltung sowie darauf aufbauenden Forschungserkenntnissen. Dabei werden exemplarische Führungskräftealltage in der öffentlichen Verwaltung beschrieben und einige aktuelle Herausforderungen erläutert. Um anschließend die Beschreibungen von tagtäglich anfallenden Aufgaben zu systematisieren, wird auf eine Klassifizierung zurückgegriffen, die versucht, exemplarisch möglichst umfassend Aufgabenbereiche sowie Hinweise auf Bedeutung und Zeitverteilung im Praxisalltag von Führungskräften zu erfassen. Für die praktische Anwendung kann somit ein Raster gefunden werden, das mit unterschiedlichen Zeitverteilungen auf einen Großteil des Führungsalltages übertragbar ist und zahlreiche Ideen und Anregungen gibt. Dieses Raster wird dann in den sich anschließenden Kapiteln ausführlich erläutert.

1.1 Einleitung und Aufbau des Buches

1.1.1 Einleitende Worte

Wie gestalte ich meinen Arbeitstag effizient, zielorientiert und im besten Fall auch noch so, dass ich ihn als erfolgreich und positiv in seiner Umsetzung wahrnehmen kann? Dieses Buch befasst sich mit einer Auswahl von Themen, die Führungskräften dabei

K. T. Germer, *Praxisleitfaden für Führungskräfte im öffentlichen Dienst*,
https://doi.org/10.1007/978-3-662-66679-1_1

helfen sollen, in ihrem komplexen Arbeitsalltag genau diese Fragen zu beantworten und einen erfolgreicheren Führungsalltag zu gestalten.

Neben der Frage, wie exemplarische Führungskräftealltage in der öffentlichen Verwaltung aussehen können, beschreibt dieses Buch vor allem die unterschiedlichen Blickwinkel, die es im Laufe des Alltages einer Führungskraft einzunehmen und zu betrachten gilt und die darüber hinaus mit einem gut strukturiertem Werkzeugkasten Führungskräften zu einem besseren Arbeitsalltag und einer optimierten Aufgabenerledigung verhelfen.

Hierzu wird eingangs ein Blick auf tägliche Anforderungen von Führungskräften gerichtet, bevor in den darauffolgenden Kapiteln dieses Buches Handlungsfelder und Instrumente aufgezeigt werden, anhand dessen ein Führungskräftealltag erfolgreicher gestaltet werden kann. Nach der Lektüre dieses Buches sollten somit wesentliche Alltagsgestaltungsspielräume bekannt sein und ein entsprechender Werkzeugkasten für eine erfolgreiche Gestaltung des Arbeitsalltages angewandt werden können.

Zu Beginn ist daher eine Momentaufnahme erforderlich und ein Blick auf die Ausgangssituation im Alltag von Führungskräften der öffentlichen Verwaltung zu werfen. Blicken wir auf unsere heutige Arbeitswelt in der öffentlichen Verwaltung, haben sich in den letzten Jahren abermals die Bedingungen unserer Arbeitsumwelt geändert. Anzumerken ist, dass dies – wie im Übrigen die Vergangenheit lehrt – schon öfter geschehen ist. Zuletzt und wie es sich abzeichnet auch perspektivisch nehmen, neben den an vielen Arbeitsplätzen in der öffentlichen Verwaltung etablierten Strukturen der Arbeitserbringung in Anwesenheit, die Formen der mobilen Arbeitserbringung und des Homeoffice durch die Auswirkungen der Corona-Pandemie seit dem Jahr 2020 deutlich zu. Daneben haben auch weitere Veränderungen wie der Einzug zahlreicher Digitalisierungsbestrebungen oder stets neuerliche vorzufindende Trends, z. B. im Hinblick auf Führung (zuletzt Agilität oder Objective and Key Results) ebenfalls ihre Auswirkungen auf unseren Arbeitsalltag (vgl. z. B. Eckert, 2021, S. 10–12; Schreyögg & Koch, 2020, S. 21; Hellmann & Hollmann, 2017, S. 205).

Es stellt sich daher neben der Bewältigung und dem Umgang mit neuen Anforderungen, die den Führungskräftealltag stets ausmachen, die Frage nach einer zielorientierten und pragmatischen Gestaltung. Ich bin daher der festen Überzeugung, dass in Zeiten der E-Mail-Überflutung und Vielzahl an Besprechungsoptionen der Fokus wieder stärker auf strukturiertes, dabei aber auch situationsangemessenes Führungshandeln gelegt werden muss. Eine Beschreibung der wahrzunehmenden Tätigkeiten sowie eine Auswahl an Instrumenten und einem Methodenkoffer, der je nach Bedarf zusammengestellt, fallweise angepasst oder verändert werden kann, erscheinen daher sinnvoll und erforderlich. Neben wesentlichen Instrumenten der öffentlichen Verwaltung, werden hierzu auch gängige Instrumente, die sich im privatwirtschaftlichen Sektor etabliert haben, grundlagenbasiert und auf die öffentliche Verwaltung zugeschnitten erläutert. Im Sinne eines praktischen Handlungsleitfadens stellt dieses Buch daher entsprechende Möglichkeiten zusammen und beschreibt diese praxisorientiert. Auf einen tiefgreifenden wissenschaftlichen Detaillierungsgrad in der Art und Weise der jeweiligen

Abb. 1.1 Praxis- und Theoriekomponenten zur Ermittlung der Führungskräfteaufgaben

Beschreibungen wird verzichtet, um eine praxisorientierte Anwendung für die Praktiker, an die sich dieses Buch richtet, nicht zu verkomplizieren. Einige wissenschaftliche Ansätze werden zwar dennoch im Zuge der erforderlichen Systematisierung in den folgenden Kapiteln vorgestellt und einbezogen, allerdings wird stets der Blick auf eine pragmatische und praxisorientierte Herangehensweise gerichtet. An den geeigneten Stellen werden für interessierte Leser zahlreiche weiterführende Literaturtipps bereitgestellt, die eine wissenschaftliche Vertiefung nach eigenem Bedarf ermöglichen. Quellen stehen in ausreichender Zahl dafür zur Verfügung.

Die Hinweise dieses Buches zu mehr Erfolg im Arbeitsalltag basieren somit auf in der Praxis anwendbaren Konzepten und Systematisierungen, die auf einer theoretisch fundierten, in der Darstellung möglichst wenig komplexen Basis gründen und die in der Wissenschaft dennoch standfest etabliert sind (vgl. Germer, 2020, S. 257 ff.) Zur Veranschaulichung findet sich unter Abb. 1.1 eine entsprechende Darstellung der hier gewählten Kombination von Praxis- und Theoriebausteinen (Abb. 1.1). Im Sinne eines Praxisleitfadens lässt sich daher jedes Kapitel dieses Buches mit seinen Grundlagenausführungen und Beschreibungen von Instrumenten je nach persönlichem Bedarf einzeln oder im Gesamtpaket aufeinander abgestimmt zur praktischen Anwendung heranziehen. Im Einzelnen wird im Anschluss nun zur Struktur des Buches unter Abschn. 1.1.2 ausgeführt.

1.1.2   Gliederung – Was Sie in diesem Buch erwartet

Dieses Buch ist in zehn Kapitel untergliedert. Nach den einleitenden Worten des Abschn. 1.1.1 folgt in diesem Abschnitt (Abschn. 1.1.2) die Vorstellung der Gliederung dieses Buches, bevor im weiteren Verlauf des ersten Kapitels einige grundlegende Ausführungen zu den vorherrschenden Bedingungen der Arbeitswelt im öffentlichen Dienst dargestellt werden. Auf Basis von praktischen Erfahrungen und empirischen Erkenntnissen wird ein Überblick über Arbeitsalltage von Führungskräften in der öffentlichen Verwaltung gegeben und aktuelle Herausforderungen beschrieben (Abschn. 1.2). Zudem wird ein Vorschlag zur Systematisierung des Alltages in Form eines Rasters aufgezeigt. Dazu werden in der Kürze zwei theoretische Elemente vorgestellt, welche die wissen-

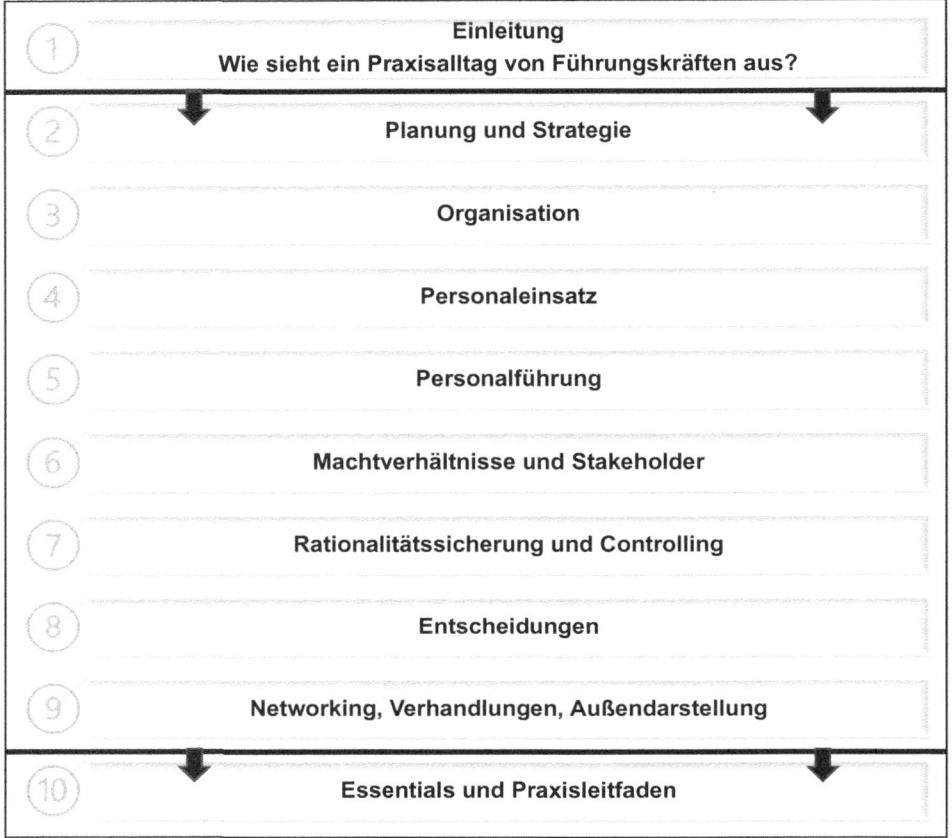

Abb. 1.2 Gliederungsstruktur des Buches

schaftliche Hintergrundbasis der praktischen Anwendungsmöglichkeiten dieses Buches bilden.

Die darauffolgenden Kapitel (Kap. 2 bis 9) blicken auf verschiedene Handlungsfelder, in denen wichtige Tätigkeitsbereiche und Tätigkeiten von Führungskräften liegen.

Dies sind auch die Bereiche, in denen Führungskräfte Gestaltungsraum haben. Da diese Handlungsbereiche nahezu den gesamten Arbeitsalltag von Führungskräften abbilden, wird viel Spielraum aufgezeigt, der zur erfolgreichen Gestaltung des Führungskräftealltages genutzt werden kann. Neben der Beschreibung der einzelnen Handlungsbereiche wird zugleich das Raster deutlich, mit dem sich ähnlich einem Leitfaden der Arbeitsalltag besser strukturieren lässt und Verbesserungen systematisch angegangen werden können. Abb. 1.2 veranschaulicht die Gliederungsstruktur dieses Buches mit seinen zehn Kapiteln im Überblick.

Im Einzelnen setzen sich die Kap. 2 bis 9 wie folgt zusammen:

Kap. 2 befasst sich mit Fragen der Planung und strategischen Ausrichtung. Es wird erläutert, was Planung bedeutet, wozu strategisches Handeln und Denken erforderlich ist und wie es sich vom operativen Alltagsgeschäft abgrenzt. Die Bedeutung von Zielen, die damit einhergehenden Herausforderungen sowie Wege zur Planung von Zielerreichung werden ebenfalls besprochen.

In Kap. 3 werden organisatorische Gestaltungsmöglichkeiten von öffentlichen Verwaltungsorganisationen aufgezeigt. Neben der Erläuterung, was alles unter Organisation zu verstehen ist, geht es unter anderem um die Frage, wie Strukturen entstehen und gestaltet werden können. Möglichkeiten zur Systematisierung von Prozessen oder Abläufen werden beschrieben und ein Schwerpunkt auf die besonders wichtigen Themen der informellen Strukturen und der Bedeutung von Organisationskulturen auf Organisationen und Führungskräftehandeln gelegt.

In Kap. 4 dieses Buches wird das Thema Personaleinsatz besprochen. Hierbei steht im Vordergrund, welche Bedeutung Personal für Führungskräfteerfolg hat. Unter anderem wird betrachtet, wie Personal akquiriert und erfolgreich eingesetzt werden kann. Fragen der Bedeutung der Qualifikation und der Entwicklung des Personals zum Beispiel mittels Fortbildung werden erläutert. Auch die Themen von Motivation durch extrinsische Faktoren wie Entlohnung oder die an Bedeutung zunehmenden intrinsischen Motivationsfaktoren werden besprochen und bewertet. Unter der Fragestellung, ob Beschäftigten heutzutage Geld oder Lob wichtiger sein könnte, wird eine aktuelle Betrachtung dieses Themenbereiches vorgenommen.

In Ergänzung des vierten Kapitels zum Thema Personaleinsatz behandelt Kap. 5 im Anschluss Fragen der Führung von Personal und somit die klassische Personalführung im Sinne der Mitarbeitenden-Führungskräfte-Konstellation. Hierbei werden die grundsätzlichen Erfordernisse und Herausforderungen von Personalführung betrachtet. Es wird dazu erläutert, was genau unter Personalführung zu verstehen ist, wie mittels Führung erfolgreich gestaltet werden kann und welche Einflussbereiche es in unterschiedlichen Gestaltungskonstellationen geben kann. Themen wie Kommunikation, Motivation und aktivierendes Verhalten spielen dabei ebenso eine Rolle wie die Frage der Findung eines eigenen authentischen Führungsstiles.

In Kap. 6 wird das Thema der Einflussnahmemöglichkeiten und Machtverhältnisse sowie unterschiedlichen Interessenlagen betrachtet, alles Faktoren, die auf die Handlungsfelder von Führungskräften Wirkungen erzeugen. Die Frage, welche Einflussnehmer – Stakeholder – es gibt, was sie für Interessen vertreten könnten und welche Einflüsse sie gegebenenfalls ausüben, wird hierbei genauer betrachtet. Neben der Frage, wie unterschiedliche Interessenkonstellationen Auswirkungen auf einzelne Führungskräftehandlungen und -entscheidungen haben können, werden das Thema Machtgestaltung und die damit in Verbindung stehenden Einflussnahmemöglichkeiten erläutert.

In Kap. 7 dieses Buches wird das Handlungsfeld des Controllings genauer erläutert. Neben der Beschreibung, welche Tätigkeiten alle in das Feld des Controllings fallen, werden praktische Anwendungsmöglichkeiten erläutert. Die Themen Informationsversorgung und -bewertung, Kontrolle im Rahmen der Controlling-Funktion, eine

Abstimmung zwischen Planung und Kontrolle, Koordination und Rationalitätssicherung werden hierbei eingehender betrachtet und für die praktische Anwendung erläutert.

Kap. 8 befasst sich auf den vorhergehenden Kapiteln aufbauend mit dem Thema Entscheidungen und Entscheidungsfindung. Da die vorhergehenden Kapitel sich mit den im Rahmen des Führungskräftealltages wichtigen Handlungsfeldern, in denen die meisten Führungskräfteentscheidungen anfallen, befassen, wird in diesem Kapitel der Schwerpunkt auf die Bedeutung von Entscheidungen gelegt. Es wird erläutert, was das Treffen von Entscheidungen bedeutet, worauf besonderes Augenmerk zu legen ist und auf welchem Weg erfolgreich Entscheidungen getroffen werden können. Zur Veranschaulichung wird darüber hinaus ein exemplarischer Entscheidungsprozess mit seinen einzelnen Schritten dargestellt.

In Kap. 9 geht es um weitere Aufgaben, die in den vorhergehenden Kap. 2 bis 8 noch nicht erfasst waren und die Tätigkeiten beinhalten, die im Praxisalltag von Führungskräften ebenfalls von Bedeutung sind (vgl. Germer, 2020, S. 217 ff.). Neben rein operativen Aufgaben, die im eigentlichen Sinne keine Führungsaufgaben sind, die aber trotzdem auch im Arbeitsalltag von Führungskräften in unterschiedlichen Umfängen auftauchen können, gibt es einige weitere Aufgaben, die hier nennenswert sind. Dazu gehören die Aufgaben der Außendarstellung von Organisationen im Sinne von Öffentlichkeits- und Pressearbeit sowie Reputationsaufbau und Repräsentationsaufgaben. Des Weiteren zählen dazu das Networking innerhalb der eigenen Organisation, insbesondere unter Berücksichtigung der unter Kap. 3 beschriebenen informellen Strukturen und unterschiedlichen Aspekte von Organisationskultur und der bestehenden Einflussbereiche von Stakeholdern bzw. Einflussnehmern (auch unter Bezugnahme auf Kap. 6 dieses Buches). Im Zusammenhang damit spielt auch das Thema Networking nach außen eine Rolle. Ferner wird zudem zum Abschluss dieses Kapitels die Aufgabe der Verhandlungsführung beschrieben, eine Tätigkeit, die Führungskräfte regelmäßig innerhalb und außerhalb ihrer Organisation wahrnehmen.

Die Kap. 2 bis 8 enthalten darüber hinaus jeweils am Ende der einzelnen Kapitel glossarartige Zusammenstellungen wesentlicher Instrumente zu den entsprechenden Aufgabenfeldern bzw. Handlungsbereichen, die in dem jeweiligen Kapitel beschrieben werden. Die Instrumente werden in Kurzform erläutert und jeweils mit wertvollen Tipps aus der Praxis, die eine Anwendung und Umsetzung erleichtern, angereichert. Ein Index am Ende dieses Buches fasst kapitelübergreifend alle diese Instrumente zum Nachschlagen zusammen. Die Instrumente bilden ein mögliches Portfolio bzw. einen Werkzeugkasten, aus dem sich Führungskräfte für ein erfolgreiches Agieren in den Handlungsfeldern bedienen können. Die begleitenden Praxistipps bieten dazu hilfreiche Unterstützung für eine erfolgreichere Praxisanwendung im Führungskräftealltag. Die hier vorgestellte Instrumentenauswahl erhebt nicht den Anspruch auf Vollständigkeit, zahlreiche weitere Instrumente können bei Bedarf in weiterführender Literatur vertieft werden.

Zu berücksichtigen ist, dass einige Instrumente oder Methoden auch in mehreren Handlungsfeldern bzw. Managementfunktionen zum Einsatz kommen können und nicht zwingend nur einem bestimmten Bereich zuzuordnen sind (vgl. Germer, 2021, S. 148,

2020, S. 68–69; vgl. bspw. Vahs, 2015, S. 462; Schreyögg & Koch, 2020, S. 145 ff.; Robbins et al., 2014, S. 245). Ein Einsatz in anderen Aufgabenbereichen ist daher durchaus möglich und angebracht. An entsprechenden Stellen wurden Hinweise in diesem Kontext eingearbeitet.

Jedes der Kap. 2 bis 9 enthält darüber hinaus ein abschließendes Unterkapitel „Lessons Learned", welches in kurzer Zusammenstellung die wichtigsten Essentials des jeweiligen Kapitels wiedergibt und damit von besonderer Bedeutung für den Praxisgebrauch und die Anwendung ist.

Das Buch schließt darauffolgend mit Kap. 10, einer Zusammenschau aller angeführten Essentials und schlägt im Rahmen eines Praxisleitfadens eine erfolgreiche Anwendungsdurchführung der vorgenannten Handlungsfelder und darin enthaltenen Schritte vor. Obwohl das gesamte Buch als Praxisleitfaden zu verstehen ist, wird mit Kap. 10 dennoch eine Kurzübersicht über alle für ein erfolgreicheres Führungskräftehandeln erforderlichen Aspekte in einem überschaubaren Leitfaden dargestellt. Nichtsdestotrotz bleibt es erforderlich für die erfolgreiche Umsetzung, in die einzelnen Kapitel dieses Buches einzusteigen, da nur der Blick auf den Praxisleitfaden, wie er in Kap. 10 dargestellt wird, für eine erfolgreiche Anwendung ohne die Essentials der einzelnen Kapitel vermutlich zu weniger Erfolg führen wird.

Der Index am Ende dieses Buches enthält neben der bereits erwähnten Zusammenstellung der Stichwortsammlung der Instrumentenauswahl der Kap. 2 bis 8 auch alle weiteren wesentlichen Definitionen und Begriffe, die in diesem Buch Verwendung finden und somit leicht und überschaubar nach Stichworten nachgeschlagen werden können.

1.2   Ein gewöhnlicher Führungskräftetag in der öffentlichen Verwaltung – Aufgaben und Herausforderungen

Abermals haben sich die Zeiten geändert. Es lässt sich heute feststellen, dass unser Arbeitsalltag wieder ein neues Modell der täglichen Gestaltungsmöglichkeiten beinhaltet. Wie schon so oft in der Vergangenheit geschehen, werden sich Mensch und Arbeitswelt auch an diese Bedingungen anpassen.

Wir befinden uns in einem Alltag, in dem wir – wie viele Jahrzehnte zuvor – weiterhin morgens ins Büro fahren, Kollegen begrüßen, unseren Arbeitsplatz einnehmen, den PC anschalten und zwischen Meetings, Telefonaten, kollegialen Gesprächen und Vorgangsbearbeitung wechseln, dazu kommen gegebenenfalls noch Außentermine. Bei anderen Kolleginnen und Kollegen besteht der Arbeitstag vorrangig aus Außeneinsätzen und deren Vor- und Nachbereitung.

Aber bedingt und beschleunigt durch die Corona-Pandemie nahm in der ganzen Welt seit 2020 ein nicht mehr an einen festen Ort gebundenes und von Präsenz unabhängigeres Modell der Arbeitserbringung an Bedeutung zu. Inzwischen finden in unserer Arbeitswelt beide Formen nebeneinander, kontinuierlich und unabänderlich statt. Beschäftigte wie Führungskräfte müssen sich mit diesen Formen der Arbeitserbringung

auseinandersetzen und unter den Gegebenheiten lernen, erfolgreich ihren Arbeitsalltag zu gestalten. Die neu erlernten oder noch zu erlernenden Arbeitsformen werden
zukünftig nicht mehr wegzudenken sein.[1]

Wäre nicht allein dies schon Herausforderung genug, gesellen sich weitere
aktuelle Themen und Moden hinzu, die den Führungskräften und Beschäftigten einige
Anpassungen in ihrem Führungskräftealltag abverlangen.

So spielt in der öffentlichen Verwaltung zurzeit unter anderem das Thema Agilität oder agile Arbeitsweisen eine größere Rolle.[2] Das Thema ist vor allem auch in
der öffentlichen Verwaltung zunehmend mehr in den Fokus gerückt worden, da die
Komplexität von Abläufen und die Verstrickungen von Zielbeziehungen und Aufgaben
stetig zunehmen. Unter dem Stichwort VUKA oder VUCA wird in zahlreichen Veröffentlichungen in diesem Kontext diese Veränderung der Umwelt beschrieben, wobei
die Begriffe Volatility, Uncertainty, Complexity, Ambiguity dabei Verwendung finden
(vgl. z. B. bspw. Hill, 2018, S. 20, 2019, S. 975–981; Olbert & Prodoehl, 2019, S. 29;
Germer, 2021, S. 48). Flexibles Reagieren und spontane Entscheidungsräume in Einklang mit Ordnung und Sorgfalt zu bringen, spielt daher bei agilen Arbeitsweisen in der
öffentlichen Verwaltung eine zunehmend große Rolle (Schreögg & Koch, 2020, S. 21
oder Levesque & Vonhof, 2018, S. 15).

Blickt man auf die Theorie des Themenkomplexes zur Agilität, würde es zum Beispiel bedeuten, dass Entscheidungen nicht mehr zwingend nur auf Führungskräfte-
ebene getroffen werden, sondern im Rahmen von Delegation innerhalb der bestehenden
Teamstrukturen getroffen werden, die agile Strukturen mit sich bringen. Fraglich ist,
ob in der Struktur der öffentlichen Verwaltung, wie sie in Deutschland etabliert ist,
ein Verlassen des Dienstweges und der Rückführbarkeit von Entscheidungen über
Hierarchien bis hin zur obersten Leitung überhaupt legitim ist und so einfach umsetz-
bar, wie bei Unternehmen der Privatwirtschaft, die bereits vor einigen Jahren begannen,
agile Strukturen einzuführen. Letztendlich sind diese Aspekte wichtige Grund-
bedingungen von öffentlichen Verwaltungsstrukturen und daher besonders zu berücksichtigen bei der Frage, inwiefern agile Strukturen rechtssicher und theoriekonform
und dabei erfolgreich etabliert werden können. Eine flächendeckende Einführung dürfte
anhand der vorgenannten Argumente vermutlich scheitern. Auf andere Art gestaltet es
sich bei der Frage der Erarbeitung von einzelnen Aufgabenpaketen analog einer agilen
Arbeitsweise, jedoch unter Einhaltung von Hierarchien. So könnten bspw. Arbeits-
gruppen mit Beschäftigten aus unterschiedlichsten Arbeitseinheiten mit einer möglichst
agilen Arbeitsweise Ergebnisse erzeugen, die abschließend dennoch einen Dienst-
weg durchlaufen, um durch die Einhaltung von Hierarchien eine Rückführbarkeit des

---

[1] Zu weiteren aktuellen Erkenntnissen vgl. zum Beispiel auch Dreas und Klenk (2021, S. 5 ff.) oder
Eckert (2021, S. 10) und Borggräfe (2021, S. 14).

[2] Vgl. z. B. Sievers und Hille (2021, S. 40–41), Markus und Meuche (2022, S. 134–140) sowie insbesondere S. 151–152.

Verwaltungshandelns bis zur Leitungsspitze zu ermöglichen. Inwiefern diese Rückführbarkeit gegebenenfalls irgendwann nicht mehr erforderlich sein wird, bleibt abzuwarten. Gerichtliche Verfahren werden mit Sicherheit bei zunehmender agiler Prägung
von Tätigkeiten der Verwaltung, die Außenwirkung auf Bürger oder Kunden erzeugen,
zunehmen und richtungsweisende Vorgaben machen. Dies zeigt, wie wichtig es ist, bei
der Einführung oder Adaption von Moden oder Einflüssen auf die Besonderheiten der
öffentlichen Verwaltung Rücksicht zu nehmen.[3]

Bei einem Blick auf die Praxis der öffentlichen Verwaltung fällt auf, dass agile oder
New Work-Instrumente teilweise Schnittmengen zu bereits seit Langem bekannten
Instrumenten haben (Timeboxing gleicht zum Beispiel im Ansatz strukturierten
Besprechungen – siehe im Einzelnen zu beiden Begriffen Abschn. 5.2. Vgl. bspw. Hill,
2019, S. 978). Dies ist interessant und nicht weiter zu kritisieren, solange der Schub,
welcher der öffentlichen Verwaltung durch Agilität oder New Work verliehen wird, für
entsprechend nachhaltige Verbesserungen sorgt.

Im Rahmen von empirischen Erhebungen wurden mehrere Praxisexperten der
öffentlichen Verwaltung dazu befragt, wo sie besondere Herausforderungen der Zukunft
sehen, die Auswirkungen auf ihren Arbeitsalltag als Führungskräfte haben werden.[4]

So wurden insbesondere finanzielle Engpässe, Auswirkungen des demografischen
Wandels und damit einhergehende zukünftige Schwierigkeiten auf dem Rekrutierungs-
markt, Einführung von elektronischen Aktenführungssystemen, Work-Life-Balance
verbunden mit Führungsfragen wie Koordinierung von Anwesenheitszeiten,
Besprechungsterminen, Führung mit Homeoffice-Bedingungen, Teamzusammenhalt,
Mitarbeitendenbindung, Wissensmanagement und die Bewältigung von Informationsflut,
insbesondere digitaler Natur identifiziert (vgl. Germer, 2020, S. 248).

Deutlich wird, dass die Zahl an Herausforderungen, die Auswirkungen auf den
Führungsalltag haben, immens ist.

Um die eingangs beschriebenen Möglichkeiten der Darstellung eines Arbeitsalltages
von Führungskräften etwas besser zu veranschaulichen, werden im Folgenden zwei
aus der Praxis gegriffene Beispiele dargestellt, die verdeutlichen sollen, wie Führungs-

---

[3] Zu Vertiefung von den Besonderheiten der öffentlichen Verwaltung vgl. Germer (2020, S. 106 ff.)
sowie Germer (2021, S. 15–24). Zu Unterschieden und Gemeinsamkeiten zwischen öffentlichen
Verwaltungen und Organisationen privatwirtschaftlicher Natur vgl. Germer (2020, S. 106 ff.)
sowie Germer (2021, S. 24–33).
Hinsichtlich der Möglichkeiten agilen Arbeitens in der öffentlichen Verwaltung vgl. z. B. die
Einschätzung von Sievers und Hille (2021, S. 40–42) oder Markus und Meuche (2022, S. 151–
152); vgl. auch Schachtner (2022, S. 51).

[4] Die Ergebnisse dieser empirischen Untersuchung finden sich bei Germer (2020, S. 247–255).
Eine Zusammenfassung von Herausforderungen und Verbesserungspotenzialen aus den Ergebnissen dieser Studie findet sich bei Germer (2021, S. 50–53).

Tagesplanung	Führungskraft einer Behörde mit rund 1.200 Beschäftigten
08.00 – 08.15	Dienstbeginn, Outlook, E-Mail Check
08.30 – 10.00	Frührunde mit Oberbürgermeister und Dezernenten
10.00 – 11.00	Dienstbesprechung mit der Finanzabteilung
11.00 – 12.00	Gratulationsempfang Dienstjubiläum
12.00 – 13.00	Telefonate und ein Videomeeting
13.00 – 13.45	Mittagspause, Spaziergang in der Stadt
13.45 – 15.30	Fahrt zur Außenstelle Stadtwerke, Besprechung
15.30 – 16.30	Vorbesprechung zum Verwaltungsausschuss
16.30 – 17.45	Sitzung des Verwaltungsausschuss
ab 18.00	Sitzung des Rats der Stadt
21.30	Ende der Ratssitzung, kurze Besprechung mit Lokalpresse
22.00	Dienstende, Heimfahrt

Abb. 1.3   Praxisbeispiel 1 – Führungskraft einer Organisation von rund 1200 Beschäftigten

Tagesplanung	Führungskraft einer Organisationseinheit mit rund 35 Beschäftigten
08.00 – 08.15	Beginn Arbeitstag; Kalender und Termine checken
08.15 – 09.00	E-Mails lesen und beantworten
09.00 – 10.00	Besprechung mit anderen Führungskräften per Videokonferenz (Parallel E-Mails lesen /beantworten)
10.00 – 11.00	Telefonate mit Mitarbeitern und/oder anderen Kollegen im Haus
11.00 – 12.00	Videokonferenz mit Kollegen anderen Facheinheiten (parallel E-Mails lesen/beantworten)
12.00 – 12.30	Mittagspause
12.30 – 13.30	Telefonate mit Mitarbeitern und anderen Kollegen im Haus (parallel E-Mails lesen und beantworten)
13.30 – 14.00	Videokonferenz; Vorbesprechung mit Vorgesetzten und Mitarbeitern
14.00 – 14.30	Inhaltliche Vorbereitung auf Besprechung
14.30 – 16.00	Videokonferenz mit Vorgesetzten und Führungskräften anderer Fachabteilungen
16.00 – 17.00	Telefonate mit Beschäftigten (parallel E-Mails lesen und beantworten)
17.00 – 18.00	Erste Überlegungen zur Struktur und Inhalt eines Vermerks zu einem bestimmten Sachthema
18.00 – 18.30	Telefonat mit Vorgesetzten
18.30 – 19.00	Telefonate mit Mitarbeitern sowie E-Mails lesen und beantworten
19.00	Ende des Arbeitstages

Abb. 1.4   Praxisbeispiel 2 – Führungskraft einer Arbeitseinheit von rund 35 Beschäftigten

kräfte der öffentlichen Verwaltung einen Arbeitstag erleben.[5] Diese Beispiele sind dabei nur zwei Möglichkeiten, die eine weiterführende Idee geben können, aber bei Weitem nicht abschließend sind in der Form der alltäglichen Gestaltung, wie bereits die eingangs erwähnte Aufzählung zeigt (Abb. 1.3 und 1.4).

---

[5] Hierzu wurden zwei Führungskräfte gebeten, Aufzeichnungen über ihre anfallenden Aufgaben an einem selbst gewählten Arbeitstag zu machen.

Abb. 1.5 Handlungsfelder/Managementfunktionen von Führungskräften

Mit diesen beiden Beispielen wird deutlich, wie vielschichtig der Führungskräftealltag in der öffentlichen Verwaltung sein kann. Wie konkret Verbesserungen an den
Führungskräfteaufgaben mit dem Ziel zu einer erfolgreicheren Wahrnehmung geschehen
können, lässt sich aus den beiden deskriptiven Beispielen nur schwer ableiten. Vor
diesem Hintergrund wird zur Strukturierung des Arbeitsalltages auf Modelle zurückgegriffen, die von Praxisexperten als anwendbare Systematisierungen für ein erfolgreiches Management und eine erfolgreiche Führungspraxis empfohlen werden.[6]

Zur Bewältigung des Arbeitsalltages setzt die Idee dieses Buch daher auf eine
bewährte Sammlung von Handlungsfeldern, die fast leitfadenartig erlernt und im Alltag
begleitend eingesetzt werden können.

Die Übersicht in Abb. 1.5 zeigt diese Handlungsfelder auf und stellt damit zeitgleich
die Struktur, der die nächsten Kapitel dieses Buches folgen, vor.

---

[6]Im Rahmen der empirischen Untersuchung nach Germer (2020, S. 261) konnte die
Systematisierung nach Managementfunktionen für den Praxisalltag von Führungskräften der
öffentlichen Verwaltung sowie einzelne Aufgabenbeschreibungen nach dem Mintzbergschen
System der sogenannten Managementrollen als gute Anwendungs- bzw. Beschreibungsmöglichkeit
identifiziert werden.

Alle diese Handlungsfelder, die hier auch als Managementfunktionen bezeichnet werden können, machen einen wesentlichen Aspekt des Alltages von Führungskräften aus. Entscheidungen stellen dabei kein eigenes Handlungsfeld dar, sondern sind wesentliche Tätigkeit, die in allen Bereichen stets anfällt (Einzelheiten dazu in den folgenden Kapiteln). Anhand der Systematisierung kann jedem individuellen Alltag entsprechend eine eigene Struktur auf Basis der Handlungsfelder gegeben und einzelne oder mehrere Aspekte übertragen werden. Zu beachten ist, dass die Managementfunktionen keiner linearen Reihung folgen und somit keine Prozessabfolge haben, sondern aufgrund des zunehmenden Erfordernisses an zügigen, situationsgerechten Entscheidungen interdependent zu betrachten sind. Schreyögg und Koch bezeichnen das moderne Management daher als Gegenüber von sorgfältiger Analyse und spontaner Entscheidung (Schreyögg & Koch, 2020, S. 21). Die hier beschriebenen miteinander vernetzten Handlungsfelder bieten eine optimale Basisstruktur zur Erfüllung eines erfolgreichen Managements.

Zu erwähnen ist, dass neben den klassischen Handlungsfeldern von Führungskräften, die in den Bereich von Managementfunktionen fallen, auch Aufgaben anfallen können, die nicht darunter einzuordnen sind. Das Kap. 9 Operative Aufgaben, Außendarstellung, Networking, Verhandlungen befasst sich mit diesen Bereichen.

Diese, die vorgestellte Systematik ergänzenden Bereiche des Kap. 9, basieren auf verschiedenen empirischen Erkenntnissen aus der Praxis (vgl. Germer, 2020, S. 217 sowie S. 261). Sie wurden in Ansätzen bereits vor vielen Jahrzehnten von Mintzberg (1973, S. 54 ff.) beschrieben, der die Tätigkeiten von Führungskräften möglichst umfassend in einem Katalog erfassen wollte. Die Mintzbergsche Rollenverteilung soll daher auch hier kurz vorgestellt werden, da einige wesentliche Rückschlüsse auf die Praxisrollen und Handlungsfelder von Führungskräften möglich sind.

Mintzberg entwickelte das Konzept der sogenannten Managementrollen, da er nach den Erkenntnissen seiner Forschungen zu folgendem Schluss kam:

> If you ask managers what they do, they will most likely tell you that they plan, organize, coordinate and control. Then watch what they do. Don't be surprised if you can't relate what you see to those four words. […] The fact is that those four words, which have dominated management vocabulary since the French industrialist Henry Fayol first introduced them in 1916, tell us little about what managers actually do. At best, they indicate some vague objectives managers have when they work (Mintzberg, 1989, S. 9).

Im Ergebnis seiner sich daraufhin anschließenden Beobachtungen und Untersuchungen konnte Mintzberg die folgenden Rollen in den Aufgaben der untersuchten Führungskräfte erkennen:

1. Galionsfigur (Figurehead): Darstellung und Vertretung der Organisation nach innen und außen im Sinne der Repräsentation.
2. Vorgesetzter (Leader): Führung und Motivation, Auswahl und Beurteilung von Beschäftigten.

3. Vernetzer (Liaison): Kontakt- und Verbindungsperson. Netzwerken.
4. Radarschirm (Monitor): Informationssuche, -aufnahme und -verarbeitung sowie Feststellung von Einflussbereichen.
5. Sender (Disseminator): Informationen von außen in die Organisation geben. Informationsflussoptimierung in der Organisation.
6. Sprecher (Spokesman): Vertretung der Organisation nach außen und Informationsweitergabe an Externe (Öffentlichkeitsarbeit).
7. Innovator (Entrepreneur): Chancen und Risiken erkennen, Wandel ermöglichen.
8. Problemlöser (Disturbance handler): Konfliktschlichtung und -lösung, Problembewältigung und -lösung.
9. Ressourcenzuteiler (Ressource allocator): Zeiteinteilungen, Prioritätensetzung, Aufgaben- und Kompetenzverteilungen, zwischen Handlungsalternativen entscheiden und deren Autorisierung freigeben, finanzielle Ressourcen einteilen.
10. Verhandlungsführer (Negotiator): Vermittler und Unterhändler z. B. mit Organisationen, Betriebsräten, Gewerkschaften.[7]

Im Zuge einer empirischen Untersuchung wurden Auftreten und Bedeutung von Managementrollen nach Mintzbergs Theorie in der öffentlichen Verwaltung evaluiert. Im Ergebnis konnte festgestellt werden, dass auch die Rollen nach Mintzberg im Praxisalltag von Führungskräften durchweg identifizierbar und von Bedeutung sind (vgl. Germer, 2020, S. 217–223; insbesondere S. 221). Eine große Deckungsfähigkeit der Rollen zu den Managementfunktionen konnte dort ebenfalls für die öffentliche Verwaltung im Praxisalltag belegt werden (Germer, 2020, S. 61).

Insgesamt finden sich die Rollen von Mintzberg daher in allen Kapiteln dieses Buches wieder. Die Handlungsfelder, die in Mintzbergs Systematik beschrieben werden, sind daher vollständig abgedeckt über die Kap. 2 bis 9. An den einzelnen Beschreibungen der Managementrollen wird dies teilweise mehr als deutlich. Die Schnittmengen zu den Handlungsfeldern bzw. Managementfunktionen ist teilweise sehr groß. Einzelheiten zu den Überschneidungen können bei Germer (2020, S. 58 ff. sowie S. 217 ff.) nachgelesen werden. Die Modelle der Managementfunktionen und der Rollen nach Mintzberg bilden damit die theoretische Basis zur Ermittlung der Beschreibungsmöglichkeiten und Systematisierung vom Führungskräftealltag.

Wie unter Abb. 1.5 dargestellt, können daher auf Basis der anwendungsorientierten Systematiken und der praktischen Erkenntnisse so alle möglichen unterschiedlichen

---

[7]Vgl. Germer (2020, S. 59–60) sowie Germer (2021, S. 103–106); Schreyögg und Koch (2020, S. 17–19); Bogumil und Schmid (2001, S. 77–78); Mintzberg (1989, S. 15 ff.); Mintzberg (1973, S. 56 ff.). Eine weitere Vertiefung der Managementrollen nach Mintzberg kann bei Germer (2020, S. 59–60) sowie Germer (2020, S. 217–223) und bei Macharzina und Wolf (2008, S. 643 ff. und 621 ff.) Macharzina und Wolf (2008) erfolgen. Darüber hinaus finden sich kritische Auseinandersetzungen mit den Managementrollen bei Kroll und Siegel (2011, S. 2) sowie Mintzberg (2009, S. 44–45); Mintzberg (2010, S. 65–66) oder auch Germer (2020, S. 61).

Führungskräftealltage systematisiert werden. Im Ergebnis können die dabei zu erledigenden Aufgaben mittels ausgewählter Handlungsanleitungen zu einer erfolgreicheren Gestaltung geführt werden.

Literatur

Bogumil, J., & Schmid, J. (2001). *Politik in Organisationen. Organisationstheoretische Ansätze und praxisbezogene Anwendungsbeispiele.* Leske und Budrich.

Borggräfe, J. (2021). Interview: Im agilen Umfeld sind Coaching und Zuhören gefragt. *Innovative Verwaltung, 4,* 14–15. Springer Gabler.

Dreas, S. A., & Klenk, T. (2021). Führung und Arbeitsbedingungen in der digitalisierten öffentlichen Verwaltung. In J. Bogumil et al. (Hrsg.), *Modernisierung des öffentlichen Sektors* (Bd. 47). Nomos.

Eckert, M. (2021). Out-of-the-Box-Denken als Erfolgsstrategie. *Innovative Verwaltung, 4,* 10–12. Springer Gabler.

Germer, K. T. (2021). *Erfolgreiches Verwaltungsmanagement: Grundlagen für Führungskräfte in der öffentlichen Verwaltung.* Springer Gabler.

Germer, K. T. (2020). *Management in der öffentlichen Verwaltung – Eine empirische Analyse auf Leitungsbasis.* Tectum.

Hellmann, G., & Hollmann, J. (2017). *Führungskompetenz in der öffentlichen Verwaltung: Motivation, Teamanleitung und Bürgerbeteiligung.* Springer Gabler.

Hill, H. (2018). Ist Effizienz noch zeitgemäß? *Innovative Verwaltung, 12,* 19–22. Springer Gabler.

Hill, H. (2019). Die Kunst des Organisierens – Wie werden große Organisationen effektiver? *DÖV – Die öffentliche Verwaltung. Zeitschrift für öffentliches Recht und Verwaltungswissenschaft, 24,* 973–981. Kohlhammer.

Kroll, A., & Siegel, J. P. (Hrsg.). (2011). *Was machen Verwaltungsmanager wirklich? Explorative Ergebnisse eines Lehrforschungsprojekts, Schriftenreihe für Public und Nonprofit Management* (Bd. 10). Universität Potsdam.

Lévesque, V., & Vonhof, C. (2018). Komplexität, VUKA und andere Schlagworte – Was sich dahinter verbirgt? In M. Bartonitz et al. (Hrsg.), *Agile Verwaltung. Wie der öffentliche Dienst aus der Gegenwart die Zukunft entwickeln kann* (S. 14–22). Springer Gabler.

Macharzina, K., & Wolf, J. (2008). *Unternehmensführung. Das internationale Managementwissen. Konzepte – Methoden – Praxis* (6. Aufl.). Gabler.

Markus, H., & Meuche, T. (2022). *Auf dem Weg zur digitalen Verwaltung. Ein ganzheitliches Konzept für eine gelingende Digitalisierung in der öffentlichen Verwaltung.* In: Edition Innovative Verwaltung, Springer Gabler.

Mintzberg, H. (2010). *Managen.* Gabal Verlag.

Mintzberg, H. (2009). *Managing.* Berrett-Koehler.

Mintzberg, H. (1989). *Mintzberg on management: Inside our strange world of organizations.* Free Press.

Mintzberg, H. (1973). *The nature of managerial work.* Longman.

Olbert, S., & Prodoehl, H. G. (2019). Die öffentliche Verwaltung muss sich neu erfinden. *Innovative Verwaltung, 1–2,* 28–31. Springer Gabler.

Robbins, S. P., Coulter, M., & Fischer, I. (2014). *Management. Grundlagen der Unternehmensführung* (12. Aufl.). Pearson Studium.

Schachtner, C. (2022). Agilität als Königsweg der öffentlichen Verwaltung? In G. Richenhagen & M. Dick (Hrsg.), *Public Management im Wandel: Auf dem Weg zur Agilität in der öffentlichen Verwaltung* (S. 53–71). FOM-Edition, Springer Gabler.

Schreyögg, G., & Koch, J. (2020). *Management. Grundlagen der Unternehmensführung. Konzepte – Funktionen – Fallstudien* (8. Aufl.). Springer Gabler.

Sievers, S., & Hille, T. (2021). Ein Weg aus dem agilen Silo. *Innovative Verwaltung, 4,* 40–42. Springer Gabler.

Vahs, D. (2015). *Organisation. Ein Lehr- und Managementhandbuch* (9. Aufl.). Schäffer-Poeschel.

Planung und Strategie – Ziele und Prioritäten

2

Zusammenfassung

In diesem zweiten Kapitel werden wichtige Grundlagen zur Managementfunktion Planung erläutert. Neben Verständnisfragen zu den Begrifflichkeiten von Planung und Strategien werden Planungsabläufe, Instrumente und deren Einsatzmöglichkeiten beschrieben. Bedeutung und Unterschiede von strategischer und operativer Planung werden dabei verständlich gemacht und praxisorientiert erläutert. Es wird deutlich, wozu Planung dienlich sein kann, und dargestellt, wie eine Integration in den Arbeitsalltag erfolgreich möglich wird. Dazu wird ein exemplarischer Planungsprozess erläutert, anhand dessen eine Systematisierung im Arbeitsalltag möglich wird und im Ergebnis einer erfolgreichen Planungsausübung nichts mehr im Wege steht.

2.1 Erfolgreiche Planung und strategische Zielsetzung

2.1.1 Die Entscheidung zu erfolgreicher Planung

Es stellt sich die Frage, wozu Planung und strategische Zielsetzung benötigt werden, wenn der Tag doch von vorn bis hinten durchstrukturiert ist durch vorgegebene Abläufe, in die sich im Prinzip jeder im Laufe seines Arbeitsalltages einfügt. Mein Appell, den ich in diesem Kapitel näherbringen möchte, ist es, für einen kurzen Moment im Laufe des Arbeitstages innezuhalten und sich bewusst auf die beiden Themen Planung und strategische Zielsetzungen zu fokussieren.

Gerade die alltäglich im Übermaß anfallenden und oftmals sehr vielfältigen Ablenkungen führen jedoch in der Regel dazu, dass an ein Innehalten nicht zu denken ist. Mit einigen Tipps aus diesem Kapitel gebe ich verschiedene Anregungen an die

K. T. Germer, *Praxisleitfaden für Führungskräfte im öffentlichen Dienst,*
https://doi.org/10.1007/978-3-662-66679-1_2

Hand, wie sich dies besser umsetzen lässt. Das führt im Ergebnis zu deutlich effektiveren und zumeist auch effizienteren Arbeitsergebnissen, in der Regel verbunden mit einem weitaus höheren Maß an Arbeitszufriedenheit bei sich selbst sowie bei Kolleginnen und Kollegen, und am Ende oftmals auch zu besseren Arbeitsergebnissen.

Bevor mit der Umsetzung von Vorhaben oder Ideen im Arbeitsalltag begonnen wird, steht in der Regel die Frage nach einer geeigneten Vorgehensweise im Raum. Der Begriff der Vorgehensweise beschreibt bereits recht bildlich erste Gedanken zum Planungs- und Strategiebegriff. Geeignet sind in der Regel solche Vorgehensweisen, die der Zielerreichung einer Unternehmung[1] dienen. Voraussetzung hierfür ist, dass die Zielstellungen des Vorhabens bzw. der Unternehmung ausreichend klar definiert sind. Sofern dies der Fall ist, können Pläne und Strategien entwickelt werden, die zur Umsetzung eines Vorhabens beitragen. Im Rahmen der Entwicklung von dazu geeigneten Vorgehensweisen gibt es zahlreiche weitere nicht unwesentliche Aspekte, die Berücksichtigung finden können. Als ein Beispiel hierfür sind Effizienzgesichtspunkte zu nennen. Bei den heute vorherrschenden zeitlich und personell knappen Ressourcen ist ein effizientes Vorgehen in der Regel in allen Arbeitssituationen anzustreben. In Abschn. 2.2 finden sich im Rahmen der Beschreibungen von Instrumenten weitere Hinweise und Anregungen zu solchen berücksichtigungsfähigen Aspekten im Rahmen der Planungs- und Strategiefindung.

Besonders wichtig ist, es zu Beginn dieses Kapitels aus dem Blickwinkel praktischer Erfahrungen auf die Frage geeigneter Zielstellungen von Vorhaben einzugehen. Hintergrund ist, dass in der Praxis oftmals zu wenig Klarheit bei Beschäftigten über konkrete Zielstellungen herrscht bzw. es teils sogar Führungskräften selbst schwerfällt, diese im Rahmen ihrer Hierarchieketten auszumachen oder selbst zu identifizieren und klar genug darstellen zu können. Klarheit für Beschäftigte und insbesondere auch einen selbst ist jedoch eine der wichtigsten Voraussetzungen für Erfolg. Die beste Planung hilft in der Regel nicht weiter, sofern Unklarheiten über die gewünschte Zielerreichung bestehen. Hier setzt auch der Begriff der Strategie an. Eine Strategie ist letzten Endes und vereinfacht dargestellt ein gut gewählter Plan, der zur Erreichung der gewünschten Zielvorstellung führt. Der Themenkomplex Zielstellungen wird unter Abschn. 2.1.2 vertiefter ausgeführt.

Für den Einstieg kann daher unter der Managementfunktion Planung nach allgemeinem Verständnis eine gedankliche Vorwegnahme oder Antizipation zukünftigen Geschehens verstanden werden, um Handlungsweisen oder Wege zu identifizieren, die zur Umsetzung eines Vorhabens beitragen. Bei dieser begrifflichen Formulierung bezieht sich zukünftiges Geschehen beispielsweise auf Strukturen, Prozesse und Ereignisse innerhalb und teilweise auch außerhalb einer Organisation in der öffentlichen Verwaltung (vgl. Germer, 2020, S. 64–65; Germer, 2021, S. 116; Schreyögg & Koch, 2020, S. 123–

---

[1] Zum Begriff der Unternehmung vgl. Germer (2021, S. 59–62).

124, 145, 230, 268; Küpper, 2004, Sp. 1150; Gelbrich & Müller, 2011, S. 1129; Scherm & Süß, 2001, S. 98).[2]

Es stellt sich bei dieser zuvor dargestellten Formulierung aber auch die interessante Frage, ob gedankliches Geschehen überhaupt vorweggenommen werden kann, da die Zukunft zu kennen bekanntermaßen unmöglich ist (vgl. Germer, 2020, S. 64). Weick äußert sich in einer seiner Veröffentlichungen dazu wie folgt:

> Managers are frequently advised to construct „better plans" […]. It is wasteful to spend time trying to anticipate future contingencies, because one can never know how things will turn out (Weick, 1969, S. 102).

Hiernach ist es unmöglich, den Ausgang der Zukunft vorherzusehen, geschweige denn zu planen. Man könnte zu dem Schluss kommen, dass Planung daher vergebene Zeit und Mühe sei. Mit seiner Aussage kommt Weick zu einer Annahme, dass Führungskräfte, die Planungsaufgaben erfolgreicher wahrnehmen wollen, mutmaßlich eher einem „Trial and Error"-Prozess folgen, um zu Ergebnissen zu kommen (vgl. Weick, 1969, S. 102–103). Dieses Beispiel erinnert an eine Annahme, die mir in der Vergangenheit bereits öfter über den Weg lief und in einem Artikel der Zeitung *Die Welt* amüsant beschrieben wird.[3] Dort wird in vergleichender Weise dargestellt, wie große Aktienfonds von hoch dotierten Fondsmanagern mit ihren Teams gemanagt werden. Nach durchschnittlicher Betrachtung könnte ein einzelner Affe mit einem entsprechend modifizierten Vorgehen, bspw. einem Würfelspiel oder willkürlichem Fingertippen, hinsichtlich der Entscheidung von Zu- oder Abkäufen von Aktien vergleichbare oder sogar bessere Ergebnisse in seiner Aktienanlageperformance erzielen als die besten Fondsmanager, immer unter der Annahme eines längeren Betrachtungszeitraumes. Eine gänzliche Obsoleszenz dieser komplexen Strukturen könnte das Ergebnis entsprechender Überlegungen sein. So könnte sich auch die Frage stellen, ob nicht jede Form von Entscheidung eine gute ist und regelmäßig keinen Entscheidungen – was in der Praxis auch immer wieder vorzufinden ist – vorzuziehen wäre. Vertiefende Ausführungen hierzu finden sich in Kap. 8 zum Thema Entscheidungen. An dieser Stelle sei vorab angemerkt, dass erfolgreiche Führungskräfte in der Lage sind, auch zügig Entscheidungen zu treffen, seien sie auch pragmatisch

---

[2]Zu den Schwierigkeiten einer einheitlichen wissenschaftlichen Definition des Planungsbegriffs vgl. u. a. Germer (2020, S. 63–64), Germer (2021 S. 114–116); Mintzberg (1994, S. 5 ff.); Staehle et al. (1999, S. 609 ff.); Robbins et al. (2014, S. 219 ff.); vgl. auch Fandel et al. (2009, S. 39). Teilweise findet sich auch eine Unterscheidung zwischen strategischer Planung und strategischem Management (vgl. Staehle et al., 1999, S. 609 ff.; Robbins et al., 2014, S. 219 ff.; vgl. auch Fandel et al., 2009, S. 39). Die Elemente des strategischen Managements dieser Abhandlungen fallen hier unter das Begriffsverständnis der Managementfunktion Planung.

[3]Im Internet abrufbar unter: https://www.welt.de/print/die_welt/finanzen/article201675104/Affen-schlagen-beinahe-jeden-Fondsmanager.html (zuletzt abgerufen am 25.05.2022).

und teils unter Wissenslücken entstanden und Fehlertoleranzen einkalkuliert bzw. werden ausgehalten.

Um die Aufgaben von Führungskräften mit solchen allgemeinen Annahmen wie dem vorhergehenden Gedanken aus der *Welt* jedoch nicht als verhältnismäßig obsolet darzustellen, wird nachfolgend beschrieben, wie die Managementfunktion Planung praxisorientiert systematisiert werden kann.[4] Es wird dabei der Annahme gefolgt, dass die Zukunft zwar nicht vorhersehbar ist, aber ein wesentlicher Wunsch bei der Planung jedoch stets im Vordergrund steht, nämlich ein ausgewähltes Ziel (anders formuliert den gewünschten Eintritt eines zukünftigen Geschehens) unter bestimmten Kriterien oder Bedingungen zu erreichen. Bei einem Vergleich zur Wissenschaft und Lehre der Statistik und von statistischen Eintrittswahrscheinlichkeiten wird bereits deutlich, dass es Sinn machen kann, sich im Rahmen von Vorhaben zu überlegen – zu planen –, welche Eintrittsmöglichkeiten es von Eventualitäten geben könnte.

Aus wissenschaftlichem Blickwinkel wird hierzu wie folgt ausgeführt (Germer, 2021, S. 116):
die

> Planungsfunktion ist in aller Regel unter Unsicherheit bei unvollkommenen Informationen auszuführen, da es sich naturgemäß um eine in die Zukunft gerichtete Funktion handelt (vgl. Staehle et al., 1999, S. 539; Küpper, 2004, Sp. 1150; Hammer, 2011, S. 40).

Die in dieser Beschreibung benannte Unvollkommenheit von Informationen spielt gerade im Zeitalter des ständig und im Überfluss verfügbaren Wissens eine immer größere Rolle. An dieser Stelle kommt der Begriff der Strategie ins Spiel, für den es in der Wissenschaft ebenfalls eine Vielzahl an Definitionen gibt.[5] Um es hier praxisorientiert zu formulieren, wird der Strategie der Begriff eines längerfristigen Planes zur Erreichung des gewünschten Vorhabens zugeordnet. In Abgrenzung dazu steht das sogenannte taktische Verhalten, das auf einen kurzfristigen Planungshorizont abstellt. In einigen Werken findet neben taktischem Verhalten auch der Begriff operativ Verwendung.[6]

Beim Sport, z. B. Fußball, würde man als Strategie bspw. ein defensives Verhalten eines Teiles oder der gesamten Mannschaft ansehen, wohingegen eine Taktik einzelne Elemente beschreibt, die auszuführen sind, bspw. besonders defensives Agieren in

---

[4] Weitere Ausführungen finden sich hierzu bspw. bei Germer (2021, S. 115–116); Weick (1969); March (1989, S. 1 ff. sowie 1994) oder March und Simon (1993, S. 232–233, 221 ff.).

[5] Vertiefungen zum Begriff der Strategie vgl. Germer (2021, S. 119), Germer (2020, S. 69); Schreyögg und Koch (2020, S. 152–155); Staehle et al. (1999, S. 601 ff.).

[6] Zur Differenzierung der Begrifflichkeiten strategisch, taktisch und operativ vgl. ausführlich Germer (2021, S. 117 ff.) sowie Küpper (2004, Sp. 1155–1156) und Wöhe et al., (2016, S. 74); Germer (2020, S. 66–67); Schmidt (2009, S. 191–192); Schreyögg und Koch (2020, S. 145); Hammer (2011, S. 66); Stelling (2005, S. 4 ff.); vgl. auch Robbins et al. (2014, S. 223–224); Olbrich (2006, S. 30).

bestimmten Situationen z. B. durch die Abwehrkette der Mannschaft oder das Zurück-
kommen aller Sturmspitzen in die eigene Hälfte bei bestimmten Angriffszügen.

Eine Strategie bezeichnet den Teil der Planung, der langfristig angelegt ist, die
taktische bzw. operative Planung den Teil, der sich auf kurz- bzw. mittelfristig vorzu-
nehmende Schritte bezieht.

Strategie gibt daher den Rahmen aller weiteren Planungsschritte vor. Die strategische
Planung greift bspw. selten oder gar nicht in einzelne Arbeitsschritte ein, dies bleibt in der
Regel der operativen Planung vorbehalten. Während die operative Planung daher vorrangig
auf Abläufe abzielt, beschreibt die strategische Planung daher die gesamtorganisations-
bezogenen meistens längerfristigen Ausrichtungen und übergeordneten Maßgaben.

Am Beispiel einer Behörde könnte eine einfache Strategievorgabe bspw. sein, möglichst viele Prozesse zu digitalisieren und bürgerfreundlicher zu gestalten. Das Wie
dieser Ausgestaltung wird unteren Hierarchieebenen und operativen Planungsbereichen
überlassen und in der Regel nicht von der obersten Hierarchieebene – der Leitung – entschieden.[7] Eine solche Vorgehensweise und Aufteilung tragen im Übrigen dazu bei, dass
Organisationen als Ganzes funktionieren, da je nach Größe die höchsten Hierarchieebenen in den seltensten Fällen in alle einzelnen Abläufe eingreifen können und sollten.
Interessanterweise ist in der Praxis dies dennoch besonders häufig zu beobachten. Ich
bin der Auffassung, dass ein solches Vorgehen mit dem Lauf der Zeit den angepassten
Bedingungen an Arbeitsmarkt und verfügbares Personal, welches in der Regel heutzutage auch bereit ist, Verantwortung zu übernehmen, und dies sogar einfordert (vgl. z. B.
Eckert, 2021, S. 10 oder Borggräfe, 2021, S. 14) nicht mehr gerecht wird. Ein gelegent-
liches Nachjustieren höherer Führungskräfte ist sicherlich nicht weiter zu bemängeln,
ein breitflächiger Eingriff ins operative Geschäft sollte jedoch durch höhere Hierarchieebenen vermieden werden – zum einen, um den Gestaltungsraum auf der Ebene der
operativen Profis zu belassen, zum anderen, um zeitlichen Verfügungsraum der übergeordneten Hierarchieebenen für anderweitig wichtige Entscheidungen freizuhalten.
Besonders das letzte Argument ist in meinen Augen ein wesentliches in einem Zeitalter,
in dem die Ressource Zeit Mangelware ist, vor allem bei dem wahrzunehmenden stark
ansteigenden Niveau an Informationszufluss, der Entscheidungsräume vergrößert. Fazit
dieser Ausführung bleibt, dass Hierarchie einen gewissen Nutzen hat und nicht ohne
Grund in der öffentlichen Verwaltung etabliert wurde.[8] Moderne Formen hierarchischer
Strukturen wie organisatorische Selbstgestaltung und agile Arbeitsweisen widersprechen
diesem Weg der Planung meines Erachtens nicht (vgl. Scherm & Süß, 2001, S. 99;
Schreyögg & Koch, 2020, S. 351 ff.; Hammer, 2011, S. 185; vgl. auch Germer, 2020,
S. 72).

---

[7] Zur Vertiefung unterschiedlicher Hierarchieebenen vgl. bspw. Germer (2021, S. 67–70 und 129–
130).

[8] Vertiefungen zu den Grundgedanken von Hierarchien und Dienstwegen wie bspw. nach Max
Weber finden sich bei Germer (2020, S. 19 ff.) sowie Germer (2021, S. 77 ff.).

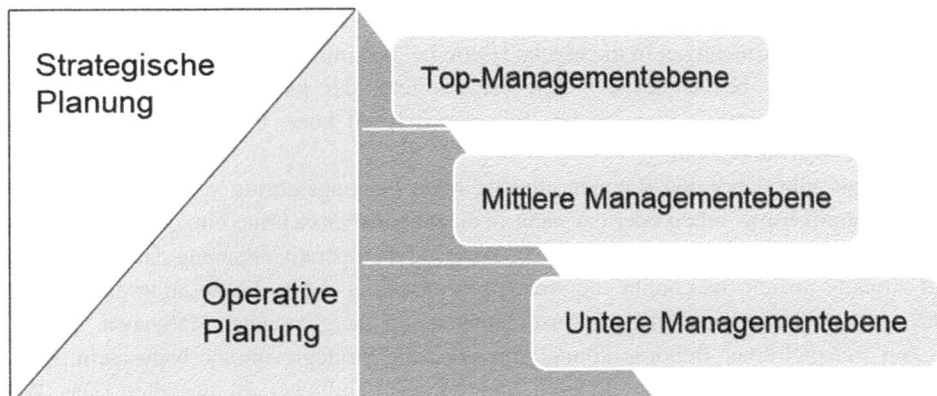

Abb. 2.1 Strategische und operative Planung nach Hierarchieebenen (2014). (Quelle: modifiziert in Anlehnung an Robbins et al., 2014, S. 229. Mit freundlicher Genehmigung von © Pearson Deutschland Hallbergmoos. All Rights Reserved)

Ein Beispiel einer Unterteilung auf zwei Ebenen zur Differenzierung von strategischer und operativer Planung findet sich in der Abb. 2.1.

Obwohl die entsprechenden Darstellungen wie die vorliegende Abbildung eine systematische Trennung beider Bereiche suggerieren, weisen beide Bereiche regelmäßig starke Interdependenzen auf, die zu berücksichtigen sind. Für eine erfolgreiche Planung sind Verknüpfung und gegenseitiges Bedingen zu beachten (vgl. Germer, 2021, 117–125; vgl. auch Hirsch et al. 2013, S. 97; Scherm & Süß, 2001, S. 99; Germer, 2020, S. 68–69).

Zusammenfassend lassen sich die Begrifflichkeiten wie folgt definieren:

▶ **Definition strategische und operative Planung (vgl. Germer, 2021, S. 118)** Die strategische Planung zielt nach Steinmann, Schreyögg und Koch darauf ab, den grundsätzlichen Orientierungsrahmen für zentrale Organisationsentscheidungen abzustecken. Im Gegensatz dient die operative Planung dazu, einen konkreten Orientierungsrahmen unter Berücksichtigung der strategischen Ziele für das kurzfristige und tagtägliche Handeln zu entwickeln (vgl. Steinmann et al., 2013, S. 155; Germer, 2020, S. 68).[9]

Zur Berücksichtigung des vorgenannten Leitsatzes und um Planung sinnvoll ausführen zu können, sind die eingangs erwähnten Zielvorstellungen von erheblicher Relevanz. Der folgende Abschnitt vertieft daher das Thema Ziele im Planungskontext.

---

[9]Zum Verständnis des *Zielbegriffs* finden sich weiterführende Erläuterungen zum Beispiel bei Robbins et al. (2014, S. 225 ff.). oder Staehle et al. (1999, S. 438 ff.).

2.1.2   Ziele im Kontext von Planung

Vor dem Hintergrund der Ausführungen von Abschn. 2.1.1 steht für eine erfolgreiche Planung ein weiterer wichtiger Ausgangsgedanke an vorderster Stelle. Organisationen haben in der Regel ein oder mehrere Ziele. Mittels der Planungsfunktion wird in der Ursprungskonstellation in der Regel (zumindest bei Annahme des Gründungsmoments von Organisationen) ein übergeordnetes Ziel, ein sogenanntes Organisationsziel, festgelegt. Dies beschreibt die Grundlage der Existenz, der Organisation oder des gesamten Vorhabens aus übergeordneter Sicht, im einfachsten Fall beispielsweise die Einrichtung einer Behörde zur Erfüllung bestimmter hoheitlicher Aufgaben. Diese Zielfestlegung ist in der Praxis im Regelfall bereits regelmäßig erfolgt, sodass in den seltensten Fällen noch eine solche grundsätzliche Festlegung zu treffen ist. In Einzelfällen treten sicherlich Nach- oder Neujustierungen auf, aber regelmäßig finden wir uns alle in bereits bestehenden Zielsystemen wieder (vgl. Staehle et al., 1999, S. 597; vgl. auch Germer, 2020, S. 73).

Aus den übergeordneten Organisationszielen lassen sich stets zahlreiche und vielfältige Teilziele ableiten, die alle im Kontext der Zielerreichung dieser übergeordneten Organisationsziele stehen. Je nach hierarchischer Ebene einer Führungskraft müssen eigene Teilziele, die sich höheren Zielebenen zuordnen lassen, bestimmt werden.

Neben der Formulierung von Zielen für eine Organisation sind innerhalb der Managementfunktion Planung daher auch eine Vielzahl an Entscheidungsfragen für zu veranlassende Handlungen zu initiieren. Reaktives oder proaktives Agieren ist vor dem Hintergrund eines zu erwartenden zukünftigen Geschehens in die Planungsaktivitäten daher stets einzubeziehen (vgl. Germer, 2020, S. 65; Hammer, 2011, S. 41).

Um einen Blick auf die Praxis der öffentlichen Verwaltung zu werfen, sind einige wesentliche Aspekte von Zielen festzustellen. Dies trifft insbesondere im Hinblick auf die vielfältige praktische und wissenschaftliche Literatur zu, die sich zahlreich für gewinnorientierte Organisationen findet (Germer, 2020, S. 107). Zielstellungen der öffentlichen Verwaltung sind in der Regel deutlich komplexer und bedürfen daher einer genaueren Betrachtung (vgl. Germer, 2020, S. 106–107; vgl. auch Bogumil, 2022, S. 129–130; Richter, 2022, S. 150–151).[10]

---

[10]Zu den strukturellen Besonderheiten der öffentlichen Verwaltung im Detail vgl. Seibel (2017, S. 173 ff.).

Für einen vertiefenden Blick auf Begriff und Abgrenzungen von Zielen im Allgemeinen in der Betriebswirtschaftslehre vgl. bspw. Braun (1988, S. 93 ff.).

Aktuelle Ausführungen zu Zielen der öffentlichen Verwaltung finden sich bspw. bei Bogumil (2022, S. 128–131.).

Im Weiteren vgl. z. B. Germer (2020, S. 206–207); Schmid (2016, S. 34); Bull (2015, S. 283–284); Kirk (2004, S. 69); Kirk (2009a, S. 15 ff.); Bonk (2007, S. 33); Braun (1988, S. 114–115); Wipfler (1979, S. 15).

Wie in den Werken „Erfolgreiches Verwaltungsmanagement" sowie „Management in der öffentlichen Verwaltung" ausführlicher erläutert wird, ist eines der anerkannten Hauptziele von öffentlicher Verwaltung die auf verfassungsrechtlichen Vorgaben beruhende Gemeinwohlmaximierung. Nach einer Entscheidung durch das Bundesverfassungsgericht vom 22. Januar 2011 wurde dort Folgendes festgehalten (Germer, 2021, S. 25):

> Grundrechtsgebundene staatliche Gewalt im Sinne des Art.1 Abs. 3 GG ist danach jedes Handeln staatlicher Organe oder Organisationen, weil es in Wahrnehmung ihres dem Gemeinwohl verpflichteten Auftrags erfolgt.[11]

Diese sehr übergeordnete Betrachtungsweise auf eine hauptsächliche Zielstellung der öffentlichen Verwaltung lässt sich weiter aufschlüsseln. So erstrecken sich die Zieldefinition, Zielsteuerung und Zielerreichung von Gemeinwohlmaximierung in öffentlichen Verwaltungsorganisationen über zahlreiche unterschiedliche, oftmals deutlich kleinteiligere Zielstellungen. Hierzu können bspw. Sicherheit im Straßenverkehr, Sicherheit von Leib und Leben, Sicherheit vor Straftaten oder Gefahren, flächendeckendes Verkehrsangebot, Bildung und viele weitere gezählt werden (vgl. Germer, 2021, S. 26, vgl. bspw. auch Brede, 2005, S. 15; Schneider, 2007, S. 328).

Der finanzielle Aspekt, der in der öffentlichen Verwaltung – in keinem Vergleich zur Wirtschaft stehend – dennoch ebenfalls eine große Rolle spielt, da die mit Steuermitteln und Gebührenabgaben wirtschaftende Verwaltung auf Wirtschaftlichkeit und Sparsamkeit fokussiert ist (im Übrigen zwei weitere Zielstellungen), muss jedoch oftmals nichtmonetären, politisch oder gesellschaftspolitisch begründeten Zielen untergeordnet werden. Effizientes Agieren ist nach den Geboten von Wirtschaftlichkeit und Sparsamkeit daher in der öffentlichen Verwaltung zwar von Bedeutung – bei Betrachtung von außen auch von essenzieller, sofern die Kosten, wie gelegentlich festzustellen und von Tagespresse und Nachrichten entsprechend publiziert, zu explodieren drohen gegenüber der vorgesehenen Planung (vgl. Westermeier & Wiesner, 2012, S. 51). Letzten Endes müssen sie aber regelmäßig vor anderen Zielen zurückstehen und sind daher regelmäßig auch nur als nachrangige Teilziele anzusehen (vgl. Edeling, 2004, S. 13; Brede, 2005, S. 15; Germer, 2020, S. 108; vgl. auch Bogumil, 2022, S. 128–131).

Aus all diesen übergeordneten Zielen, die in der Regel eher eine strategische Vorgabe implizieren, leiten sich unzählige operative Teilziele ab, die bis in alle Arbeitsebenen hinein von Bedeutung sind. Im Optimalfall sind für Führungskräfte und Beschäftigte stets dabei eine gewisse Rückverfolgbarkeit und Nachvollziehbarkeit über die Zielkette hin bis zum obersten strategischen Ziel möglich. Eine solche Transparenz herzustellen und sichtbar zu machen, ist nach meiner Auffassung eine bedeutsame Aufgabe für alle Führungskräfte einer Organisation. Zum einen kann dies die Identifikation aller Beschäftigten mit

---

[11] Vgl. Bundesverfassungsgericht: Urteil vom 22. Januar 2011, Az. 1 BvR 699/06. Im Internet abrufbar unter: https://www.bundesverfassungsgericht.de/SharedDocs/Entscheidungen/DE/2011/02/rs20110222_1bvr069906.html (zuletzt abgerufen am 08.02.2021).

den Zielen und der Organisation fördern, zum anderen ist in der Regel effizienteres und effektiveres Handeln auf allen Ebenen zu erwarten durch das wachsende Zielverständnis aller Beteiligten. In Zeiten von Trends wie agilem Arbeiten, mehr Verantwortungsdelegation und verstärkter Selbstorganisation ist ein solcher Umgang mit Zielen ein grundlegendes Erfolgspotenzial, das es zu berücksichtigen gilt. Die in der Praxis häufig anzutreffenden und gern in Organisationen der öffentlichen Verwaltung belebten Leitbilder sind ein gutes Beispiel, sofern der Einsatz durchdacht und zielführend ausgeführt wird. In der Praxis ist dies leider selten der Fall. Gelebte Leitbilder finden sich in der Regel selten, oftmals werden solche Leitbilder von Beschäftigten als pure Illusion oder Vision einer nicht wahren Realität gesehen. Einige weitere Details zu Inhalt und Ausprägungen von Leitbildern finden sich unter Bull (2017, S. 69) oder auch Blasweiler (2022, S. 137). Dieses Beispiel macht deutlich, wie wichtig es ist, bei der Sichtbar- und Transparentmachung von Zielen entsprechend sauber zu arbeiten, um tatsächlich ein nachhaltiges Ergebnis in der eigenen Organisation zu erzielen.

Aufgrund der schier unendlichen Vielzahl an Teilzielen in Organisationen der öffentlichen Verwaltung stellt sich auch die Frage nach der Messbarmachung der Zielergebniserreichung, da es sich in der Regel selten so einfach wie bei finanziellen Zielen darstellt, dass die schlichtweg in Zahlen oder zahlenbasiert oftmals leicht zu erhebenden Kennzahlen gemessen werden können (vgl. Germer, 2020, S. 108; Bogumil, 2022, S. 129).[12]

Interessant ist daher die Frage nach den unterschiedlichen Möglichkeiten, Zielerreichungen in der öffentlichen Verwaltung festzustellen (vgl. bspw. Germer, 2020, S. 107; Bogumil, 2022, S. 129; Deckert, 2006, S. 11 ff.; Staehle et al., 1999, S. 437 ff.;). Oftmals werden in der öffentlichen Verwaltung daher zur Messung von Zielerreichung und Zielerreichungsgraden Hilfskriterien wie Erhebungen oder Befragungen hinzugezogen. Ein Beispiel hierzu ist die sogenannte wirkungsorientierte Steuerung mit Zielen, die ich in meinen anderen Veröffentlichungen wie folgt, in Kurzfassung, beschreibe (Germer, 2021, S. 26):

> Das Konzept der wirkungsorientierten Steuerung wurde für die öffentliche Verwaltung als Reaktion darauf entwickelt, dass es trotz dominierender Sachzielbedeutung an einer Effektivitätsausrichtung und -überprüfung mangelte, dies aber als erforderlich angesehen wird, um bestehende gesellschaftliche und wirtschaftliche Probleme zu beheben. Diesen Mangel greift das Konzept der wirkungsorientierten Steuerung auf, indem öffentliches Handeln konsequent auf Wirkungsaspekte ausgerichtet werden soll. Die Messung von festgelegten oder vereinbarten Wirkungszielen erfolgt dabei über qualitative und quantitative Evaluationsverfahren, wie zum Beispiel Soll-Ist-Vergleiche oder Kundenbefragungen. Dies erweist sich in der Praxis dann oftmals als entsprechend aufwendig (vgl. Germer, 2020, S. 108–109).[13]

---

[12] Zur Übersicht der Entwicklung betriebswirtschaftlicher Kennzahlensysteme vgl. Staehle (1969, S. 69 ff.); Losbichler et al. (2015, S. 1 ff.).

[13] Zum Begriff der wirkungsorientierten Steuerung vgl. Boehle (2015, S. 111 ff.); vgl. auch Proeller (2022, S. 123–127). Ein aktuelles Beispiel aus der öffentlichen Verwaltung in Österreich findet sich unter Seiwald et al. (2022, S. 114–121).

Die beschriebenen Gesichtspunkte der Zielaufstellung und des Umgangs mit Zielen sind ein wichtiges Element der Planung. Im folgenden Abschnitt wird nun ein praxisorientierter Umgang für eine erfolgreiche Gestaltung der Managementfunktion Planung beschrieben.

2.1.3 Planungsdurchführung und beispielhafter Planungsprozess

Wie in den vorangegangenen Abschnitten deutlich wurde, sind bei der Durchführung von Vorhaben Zielfestlegungen und Zielerreichungsüberlegungen der Ausgangspunkt jeglicher Planungsüberlegungen und -aktivitäten. Unter Berücksichtigung der Erkenntnisse der Abschn. 2.1.1 und 2.1.2 kann nunmehr daran angeknüpft werden, wie und mit welchen Instrumenten erfolgreiche Planung gestaltet werden kann. So wird sich bspw. bei der Errichtung einer neuen Organisation oder zum Beginn eines Großvorhabens an übergeordnete Zielstellungen zuerst eine Analyse von Organisationsumwelt und internen Ressourcen einer Organisation anschließen (vgl. Staehle et al., 1999, S. 615; vgl. auch Germer, 2020, S. 73). Einzelheiten zu dieser Form der Planungsvorbereitung sind unter dem Instrument der SWOT-Analyse zu finden (siehe Abschn. 2.2).

Kleinteiligere Vorhaben oder Alltagselemente sind mit weniger breit aufgestellten Instrumenten der operativen Planung vorzubereiten. Auch hierfür finden sich Beispiele unter Abschn. 2.2.

Bevor nun einzelne Schritte zur Durchführung erfolgreicher Planung beschrieben werden, wird auf Basis der vorhergehenden Ausführungen der Planungsbegriff in einer greifbaren Formulierung systematisiert. Aufbauend auf den Erläuterungen und Definition zur strategischen und operativen Planung sowie der vorangegangenen Beschreibungen von Zielstellungen und Zielfindungswegen, lässt sich der Planungsbegriff wie folgt definieren:

▶ **Definition Planung** Die Managementfunktion Planung beinhaltet die Bestimmung von Organisationszielen und daraus abzuleitenden Teilzielen, die Implementation von Strategien zur Erreichung dieser Ziele sowie die Entwicklung von Plänen zur Integration und Koordinierung von Arbeitsaktivitäten innerhalb einer Organisation (vgl. Robbins et al., 2014, S. 220; Germer, 2020, S. 65, Germer, 2021, S. 116).

Wie in den beiden vorhergehenden Abschnitten (Abschn. 2.1.1 und 2.1.2) deutlich wurde, ist die Managementfunktion Planung unter Unsicherheit und überwiegend bei unvollkommener Informationslage auszuüben (vgl. Germer, 2021, S. 116; Staehle et al., 1999, S. 539; Küpper, 2004, Sp. 1150; Hammer, 2011, S. 40).

Wie ich in meinem Buch „Erfolgreiches Verwaltungsmanagement" ausführlich beschreibe, handelt es sich bei der Ausführung von Planungsschritten daher um äußerst selektive Entscheidungen, in der Regel stets in Unkenntnis über die zahlreichen potenziellen noch weiterhin eintretenden Ereignisse. Ein wichtiger Versuch bei der Ausführung von

Planung sollte daher sein, so eng wie möglich auf Basis von konkreten Zielvorgaben zu agieren (vgl. Germer, 2021, S. 116, 124–125; Schreyögg & Koch, 2020, S. 154; Küpper, 2004, Sp. 1150; Hammer, 2011, S. 39). Das später noch folgende Kapitel zur Aufgabe des Controllings (siehe Kap. 7) zeigt, welche Rolle die Inhalte dieses Kapitels hierbei ebenfalls spielen, da Controlling dabei helfen kann und soll, auf der Zielverfolgungslinie zu bleiben (vgl. Germer, 2021, S. 16, 124–125; Schreyögg & Koch, 2020, S. 241; Küpper, 2004, Sp. 1151; vgl. auch Germer, 2020, S. 65 und 73). Auch das Thema Priorisierung spielt letzten Endes eine wichtige Rolle, da bei Entscheidungsselektion immer eine Auswahl getroffen werden muss, im Optimalfall für die bestmögliche Lösung. Manchmal muss bei der Planung allerdings auch entschieden werden, welchem Schritt oder Vorhaben für einen erfolgreichen Gesamtzielbeitrag unter Prioritätsgesichtspunkten ein Vorzug zu geben ist. Methoden zur erfolgreichen Priorisierung sind daher für Führungskräfte im Rahmen von Planung essenziell (siehe zu möglichen Instrumenten in diesem Kontext auch Abschn. 2.2).

Um den Praxiseinsatz von Planung nun zu erleichtern, wird ein Planungsprozess in vier Schritten vorgezeichnet, der als Praxishilfe für die Systematisierung aller durchzuführenden Schritte herangezogen werden kann. Abweichungen oder Variationen sind jederzeit möglich, sofern sie im Interesse einer erfolgreich angewandten und überlegten Planung sind.

Nach Wöhe et al. (2016, S. 72–73) sowie Germer (2021, S. 124 sowie 2020, S. 72–73) kann der Prozess von Planung im praktischen Einsatz wie folgt aussehen

Vier Phasen eines Planungsprozesses:

1. Zielbildung, Teilzielfestellung: Festlegung der zu erreichenden Ziele – unter Maßgabe der Berücksichtigung und Ableitbarkeit von übergeordneten Zielen,
2. Problemanalyse: Definition und Analyse des Entscheidungsproblems und Vorhersage zukünftiger möglicher Entwicklungen,
3. Alternativenermittlung: Identifikation und Beurteilung möglicher Handlungsalternativen,
4. Alternativenbewertung: Ermittlung des erwarteten Zielbeitrages der entsprechenden Alternative.[14]

Dieses Beispiel eines Planungsprozesses ermöglicht eine kompetente Handlungsbasis und Entscheidungsgrundlage für die meisten Formen von Planungsdurchführung, seien es breit angelegte Großvorhaben oder kleinere Alltagsbereiche. Die Schritte können in Form einer Checkliste gedanklich durchdacht werden oder zu Papier gebracht werden. Der zeitliche Aufwand zur Durchführung der Systematik sollte sich nach der Größe des Vorhabens richten, bei Großprojekten spricht nichts gegen ausführliche Überlegungen. Im täglich anfallenden Arbeitsgeschäft sollte versucht werden, den Zeitaufwand für die Schritte auf ein Minimum zu reduzieren. So könnte z. B. für einen regulären Arbeitsalltag

---

[14]Vgl. darüber hinaus auch Germer (2020, S. 69 ff.); Schreyögg und Koch (2020, S. 237–239, 245–247); Scherm und Süß (2001, S. 98) und Robbins et al. (2014, S. 243 ff.).

ein Zeitfenster von fünf Minuten ausreichend sein, um anliegende Aufgaben entsprechend zu systematisieren.

In vielen Arbeitsalltagen wird es aber vermutlich gar nicht möglich sei, sich vorbereitend auf ein Ereignis ausführlich Gedanken zu machen, da der Alltag vorrangig reaktiv gestaltet ist. In diesen Fällen sollte nichtsdestotrotz die Systematisierung des Planungsprozesses eine Gedankenstütze sein, die bei anfallenden Entscheidungsschritten eine Leitlinie bilden kann und auch bei nur geringer Berücksichtigung einen Beitrag zu einem erfolgreicheren Arbeitsalltag leisten kann, gegebenenfalls auch für unterstellte Führungskräfte und Beschäftigte, die Zielausrichtungen nachvollziehbarer und transparenter wahrnehmen und somit möglicherweise motivierter und gesamtorganisationsbezogen zielorientierter arbeiten.

Zur erfolgreichen Ausübung der Planungsaufgabe und der im Planungsprozess dargestellten Schritte sollten einige weitere Faktoren berücksichtigt werden (vgl. auch Küpper, 2004, Sp. 1149–1150; Germer, 2020, S. 65; Germer, 2021, S. 116):

1. Erfolgssicherung – wie kann eine effektive, auf Ziele konzentrierte Ausrichtung der Aktivitäten aussehen.
2. Risikohandhabung – wie werden Risiken eingeschätzt, wie wird mit ihnen kalkuliert, verantwortungsbewusstes Tragen von Risiken als Führungskraft ist Führungsaufgabe.
3. Flexibilitätserhöhung – Spielräume bei Abweichungen einkalkulieren, Fehlertoleranzen und Lernfähigkeit berücksichtigen.
4. Reduktion von Problemkomplexität – mögliche Verdichtung zur Lösungsorientierung in Betracht ziehen, insbesondere auch um entscheidungsfähig zu bleiben. Pragmatismus und Priorisierungsfähigkeit sind daher wichtige Voraussetzungen von Führungskräften.

Beitrag der Planungsfunktion im Führungskräftealltag nach Germer (2021, S. 116–117):

> Die Planungsfunktion leistet somit einen Beitrag dazu, Umwelteinflüsse und Rahmenbedingungen auf und innerhalb von Organisationen zu erkennen, zu analysieren und dadurch das Handeln von Mitarbeitern sowie Organisationseinheiten auf die Organisationsziele auszurichten. Durch die Selektion zwischen unterschiedlichsten Handlungsmöglichkeiten können richtungsweisende bzw. faktenschaffende Entscheidungen getroffen werden, die auf die Organisation und ihre Umwelt Wirkungen erzeugen.[15]

Hieran wird – wie zuvor bereits ausgeführt – wiederholt deutlich, dass das Treffen von Entscheidungen eine wesentliche Rolle spielt, um innerhalb der Organisation Wirkungen zu erzeugen. Wirkungen, die für die Fortentwicklung der Organisation und des Alltags darin essenziell sind.

---

[15]Vgl. Germer (2020, S. 66); Küpper (2004, Sp. 1150); Wöhe et al. (2016, S. 74); Steinmann et al. (2013, S. 156); vgl. auch Spengler (2009, S. 183 ff.).

Im nun folgenden Abschnitt dieses Kapitels werden einige Instrumente vorgestellt und bewertet und Tipps zur Anwendung gegeben. Für einem Einsatz von betriebswirtschaftlichen Modellen und Methoden in der öffentlichen Verwaltung kritisch Gegenüberstehende sei vorangestellt, dass die nachfolgenden Instrumente sich für die Praxis bei wohlüberlegtem Einsatz und im Bewusstsein über die eigene Organisationsumwelt oder manchmal bei entsprechender Modifikation gut eignen können (unter Betonung auf einen adäquaten Einsatz). In meinen empirischen Untersuchungen konnte dies ausführlich festgestellt werden. Darüber hinaus ist auch der Hinweis angebracht, dass die seit vielen Jahrzehnten eingesetzte Kameralistik der öffentlichen Verwaltung mit den Strukturen von Etats und Sollanweisungen als Vorläufer der betriebswirtschaftlichen Planungsfunktion anzusehen ist und die entsprechende Managementwissenschaft für die Privatwirtschaft auch daraus ihr Wissen gezogen hat (vgl. Germer, 2021, S. 125; Staehle et al., 1999, S. 539; vgl. auch von der Oelsnitz, 2009b, S. 57).

2.2   Wichtige Instrumente und Praxistipps

Budgetierung
Die Aufstellung von Budgets, die sogenannte Budgetierung, ist ein Instrument, das zum Beispiel in der operativen Planung zum Einsatz kommt. Mithilfe von Budgets werden periodenbezogene fixierte Sollvorgaben entweder top-down vorgegeben oder im Rahmen von Budgetzielvereinbarungen konsensual definiert. Aus Managementsicht werden so die Konkretisierung und Präzisierung von angestrebten Zielen und Maßnahmen für die Arbeitsebene über einen Planungszeitraum festgelegt (vgl. Jethon & Reichard, 2022, S. 100 ff.; Schreyögg & Koch, 2020, S. 299–306; Germer, 2020, S. 72). Die Anwendbarkeit reicht von flächendeckenden finanziellen Budgets bis hin zu bspw. auf Personaleinsatz bezogene Organisationsbereiche (z. B. ein Personalbudget für eine Arbeitseinheit). Die Budgetierung muss dabei nicht zwingend mit finanziellen Kennzahlen unterlegt sein, sondern kann durchaus auch andere Budgetvariablen wie Stellenzahlen oder Vollzeitäquivalente als Basis haben.

Praxistipp
Viele öffentliche Verwaltungsbehörden, insbesondere zahlreiche Kommunen haben inzwischen ihre Haushalte im Rahmen der Einführung der Doppik auf sogenannte Produktorientierung oder Produkthaushalte umgestellt. Produktbezogene Budgets sollen dabei die Zielsteuerung vereinfachen und transparenter machen. Empirische Studien zeigen, dass es in diesen Fällen darauf ankommt, ein grundlegendes Verständnis auf Anwender- und Empfängerseite des Instrumentes zu schaffen, um es erfolgreich einsetzen zu können. In der Praxis tauchen aber häufig zahlreiche Beispiele auf, bei denen seitens Politik, Top-Management oder Bürger gar kein oder nur ein geringes Verständnis oder Interesse an den festgesetzten Kennzahlen oder Budgets besteht. In der öffentlichen Verwaltung werden in diesen Fällen

unter hohem Ressourceneinsatz Budgetierungsbemühungen angestellt, ohne dass sich der Aufwand gegenüber dem Nutzen zur Erfüllung von Organisationszielen rechnen kann (vgl. Germer, 2020, S. 121, 206–208, 212–213 sowie S. 238; vgl. auch Jethon & Reichard, 2022, S. 109); Seiwald et al., 2022, S. 116; Hellmann & Hollmann, 2017, S. 153–154). Es ist daher durch Schulung aller Beteiligten sicherzustellen, dass das Instrument sinnvoll eingesetzt werden kann oder die Anwendung der Budgetierung entsprechend auf Bereiche begrenzt wird, die eine sinnvolle Anwendung möglich machen. Im Ergebnis heißt dies: Meist ist ein flächendeckender Einsatz nicht zielführend, wenn nicht ausreichend Verständnis bei allen Beteiligten besteht. Aufgrund der Größe der öffentlichen Verwaltungen stellt sich die Frage, wie viele Globalbudgetierungen tatsächlich erfolgreich sind – es dürften die wenigsten sein. Qualität geht daher vor Quantität und Vollabdeckung.

Eine Weiterführung des klassischen Budgetierungsansatzes, der in der öffentlichen Verwaltung auftaucht, ist das sogenannte Performance-Budgeting. Ein Konzept, das weitreichend komplexer ist als das hier beschriebene und in seinem Inhalt Bezüge zur wirkungsorientierten Steuerung aufweist. Unter Berücksichtigung der vorhergehenden Ausführung ist von solchen komplexen Systemen wie diesen aber regelmäßig abzuraten, sofern nicht eindeutig der Mehrwert flächendeckend oder organisationsbereichsspezifisch für eine Organisation der öffentlichen Verwaltung feststellbar ist (vgl. z. B. Proeller, 2022, S. 122–127).

Leitbilder

Nach der herkömmlichen Definition ist ein Leitbild für eine Organisation die leitende Vorstellung und die Grundlage ihres Handelns. Es soll die Frage beantworten, wofür die Organisation steht. Dabei soll es auf einprägsame Art und Weise die zentralen Ziele und Grundannahmen der Organisation enthalten. Dabei soll kurz, präzise und verständlich ausgedrückt werden, wofür eine Organisation steht. Ziel eines Leitbildes ist es, internen und externen Adressaten ein klares und leicht verständliches Profil der Organisation zu vermitteln. Vom Leitbild abzugrenzen sind strategische und operative Ziele. Vom Leitbild ausgehend über Strategien hin bis zu den operativen Zielen werden die Absichten einer Organisation immer konkreter.[16]

---

[16] Vgl. Bundesministerium des Innern und für Heimat und Bundesverwaltungsamt (2022). Im Internet abrufbar unter:
https://www.orghandbuch.de/OHB/DE/OrganisationshandbuchNEU/1_Einfuehrung/1_7_fuehrungs_organisationskultur/1_7_4_ansaetze_zur_weiterentwicklung/1_7_4_4_instrumente_und_formate/instrumente_und_formate_inhalt.html) (zuletzt abgerufen am 28.07.2022) sowie Hirsch und Weber (2012, S. 118).

Praxistipp

Während viele öffentliche Verwaltungen, insbesondere Kommunen in den ersten Jahren der Einführung des Neuen Steuerungsmodells Leitbilder für sich entwickelten und teilweise auch mit strategischen und operativen Zielen in den Haushaltsplanungen verknüpften, sind derartige Leitbilder in letzter Zeit nicht mehr so stark in Mode, werden aber gelegentlich in Betracht gezogen. Gerade für Kommunen ist es schwierig, sich in ihren zentralen Zielen und Grundannahmen von anderen vergleichbaren Gebietskörperschaften zu unterscheiden (vgl. Hirsch & Weber, 2012, S. 118; vgl. auch Blasweiler, 2022, S. 137). Vornehmlich die Frage, ob ein Leitbild tatsächlich glaubhaft gelegt werden kann, sollte bei der Entwicklung und Implementierung infrage gestellt werden. Meine Praxiserfahrungen zeigen, dass Praxisleitbilder oftmals eine nie greifbare Vision der eigenen Organisation darstellen. Zu viel Wunschdenken führt aber genau in die falsche Richtung. Das Leitbild muss realistisch und glaubhaft nach innen und außen sein. Wird es nicht gelebt, kann ein Leitbild auch demotivierend sein für Innen- und Außenstehende. Schließlich ist es das Versprechen der Organisation, das sie leiten soll. Als öffentliche Verwaltung müssen Leitbilder daher vollends glaubwürdig sein, dies beginnt bei den Mitarbeitenden und geht bis nach außen zu Kunden, Bürgern, Presse und der gesamten Öffentlichkeit.

Objectives and Key Results – OKR
Siehe OKR unter Abschn. 5.2.

Priorisierungsmethoden
Ein wichtiges Thema ist die Frage der Auswahl unter einer Vielzahl geeigneter Alternativen und entsprechende Priorisierung. Hierzu gibt es einen Pool von Priorisierungsmethoden wie zum Beispiel die ABC-Analyse, Alternativen-Bewertung, der deduktive Logikbaum, Produktlebenszyklus, QHAR-Prinzip (Question, Hypothesis, Analyses, Resources), Sales-Funnel-Analyse.[17] Eine auch in öffentlichen Verwaltungen häufiger eingesetzte Methode ist die ABC-Analyse, die ihren Ursprung in der Unterstützung bei der Disposition von Verbrauchsmaterialien hat. Sie ist ein Verfahren, das die Ordnung bzw. Klassifizierung großer Datenmengen unterstützt. Die Elemente in den Daten werden dabei den drei Klassen A, B und C zugeordnet. Die ABC-Analyse lässt sich aufgrund ihrer einfachen Logik und der Unabhängigkeit von spezifischen Untersuchungsgegenständen vielseitig einsetzen (vgl. Hellmann & Hollmann, 2017, S. 120; Schawel & Billing, 2014, S. 12–14).

---

[17]Weiterführend zu den einzelnen Instrumenten vgl. zum Beispiel Schawel und Billing (2014) in ihrer Gesamtschau. Die Anwendungsmöglichkeiten für die öffentliche Verwaltung sind dabei stets kritisch und gut durchdacht zu überlegen.

Praxistipp
Priorisierungsmöglichkeiten gibt es viele. Es sollte immer hinterfragt werden, wie komplex die Ausgangslage ist, die es zu priorisieren gilt, und welche Methode eine gute Passgenauigkeit aufzeigt. Die ABC-Methode hilft dabei, den Blick auf Wesentliches zu richten und sich nicht in zu vielen Details zu verstricken. Entscheidungsfreude wird durch diese Methode ebenfalls gestärkt (weitere Einzelheiten hierzu siehe unter Kap. 8). Insbesondere bei komplexen Zielverstrickungen, die in der öffentlichen Verwaltung regelmäßig auftauchen können, hilft manchmal ein einfacher Blick auf die unterschiedlichen Alternativen, um erfolgreich zu priorisieren. Auch die zunehmende Aufgabenmenge in allen Arbeitsbereichen stellt eine aktuelle Herausforderung in der öffentlichen Verwaltung dar. So besteht das Erfordernis, in den eigenen Arbeitseinheiten sowie gesamtorganisatorisch zu priorisieren. Insbesondere gesamtorganisationsbezogen ist dabei in der öffentlichen Verwaltung der Hinweis erforderlich, dass eine gut vorbereitete Priorisierungsbasis dabei hilft, Leitungspersonal, welches oftmals stark unter politischem Vorgabendruck steht, entsprechend auf Entscheidungen und deren Priorisierung vorzubereiten. Wichtig bei einer Prioritätenauswahl ist stets auch die Sicherstellung von Transparenz nach innen und außen.

SMART Ziele
Siehe hierzu Zielvereinbarungen unter Abschn. 5.2.

SWOT-Analyse
Zur strategischen Analyse kann in der Praxis in öffentlichen Verwaltungen auf die Methodik der Stärken-Schwächen-Analyse, die sogenannte SWOT-Analyse, zurückgegriffen werden. Mithilfe der SWOT-Analyse werden Stärken und Schwächen einer Organisation sowie Chancen und Risiken genauer betrachtet. Durch diese Betrachtung soll die Auswahl einer strategisch günstigen Alternative ermöglicht werden.

Unter Stärken fallen Aktivitäten, bei denen eine Organisation erfolgreich ist, sowie die besonderen und einzigartigen Ressourcen, über welche sie verfügt. Zu den Schwächen zählen die Aktivitäten einer Organisation, die Optimierungsbedarf zeigen, sowie Ressourcen, die eigentlich notwendig wären, aber nicht vorhanden sind (vgl. Robbins et al., 2014, S. 244; Germer, 2020, S. 71). Im Rahmen einer Umweltanalyse wird das externe Umfeld einer Organisation analysiert, ob Risiken und Bedrohungen oder neue Chancen und Möglichkeiten für die Organisation bestehen. Die Analyse konzentriert sich dabei nicht nur auf das direkte Umfeld einer Organisation sowie Entwicklungen und Trends, sondern auch auf weitergehende externe Einflüsse, wie technologische Veränderungen, gesellschaftliche Strömungen und Entwicklungen oder politische Strukturveränderungen (vgl. Schreyögg & Koch, 2020, S. 159; Germer, 2020, S. 69–70).

Praxistipp

Obwohl in der Literatur und durch Beratungsunternehmen oftmals zu großflächigen und organisationsweiten SWOT-Analysen geraten wird, ist es in der Praxis nicht immer erforderlich, solche breit angelegten SWOT-Analysen durchzuführen. Eine Befassung mit der Theorie und den Feldern des Instrumentes kann jedoch hilfreich sein, sich sicherer im Rahmen von Planungsaufgaben zu bewegen. Oftmals bietet es sich in öffentlichen Verwaltungsbehörden vielmehr an, SWOT-Analysen zu selektiven Einsätzen in Teilorganisationsbereichen heranzuziehen. Dies ist deutlich ressourcenschonender und bringt in der Regel besser verwertbare Ergebnisse.

Szenarioanalyse

Siehe Szenarioanalysen unter Abschn. 8.2.

Zielvereinbarungen

Siehe Zielvereinbarungen unter Abschn. 4.2.

2.3   Lessons Learned

Im Rahmen dieses Kapitels wurde das Handlungsfeld der Planung für Führungskräfte beschrieben. Die Bedeutung von Zielen und Strategien wurde erläutert und die Aufgaben im Rahmen der Managementfunktion Planung deutlich.

Wichtige Kernbotschaften in diesem Handlungsfeld von Führungskräften sind die folgenden:

- Mithilfe der Managementfunktion Planung werden Organisationsziele und daraus abzuleitende Teilziele bestimmt, die Implementation von Strategien zur Erreichung dieser Ziele sowie die Entwicklung von Plänen zur Integration und Koordinierung von Arbeitsaktivitäten durch Mitarbeitende innerhalb einer Organisation sind die wesentlichen Aufgaben von Führungskräften.
- Ziele müssen klar definiert sein und sollten für alle Hierarchieketten transparent nachvollziehbar sein.
- Ziele in der öffentlichen Verwaltung sind vielschichtig und vorwiegend nicht monetär. Die Messbarkeit von Zielen wird in der Regel erheblich schwieriger, sofern es sich um nichtmonetäre Ziele handelt.
- Strategien sind gut ausgewählte Pläne zur Erreichung der Zielstellungen.
- Strategische und operative Planung sollten ineinandergreifen und aufeinander abgestimmt sein.

- Da die Zukunft nicht vorhersehbar ist, heißt es, mittels gut gewählter Instrumente eine bestmögliche Planung möglicher eintretender Eventualitäten vorzusehen.
- Entscheidungen sind erforderlich, um Fakten für den Fortbestand der Organisation zu schaffen.
- Ein Planungsprozess besteht aus Zielbildung und Teilzielfestellung, einer Problemanalyse sowie einer Alternativenermittlung und Alternativenbewertung.

Literatur

Blasweiler, K.-H. (2022). Beziehungsstatus: Es ist kompliziert. Persönliche Anmerkungen zum Umsetzungsstand des NKF in NRW. *Verwaltung und Management. Zeitschrift für moderne Verwaltung, 3*(28), 132–137. Nomos.

Boehle, M. (2015). Organisationsübergreifende Wirkungssteuerung in Kommunalverwaltungen. In M. Morner (Hrsg.), *3. Speyerer Tagung zu Public Corporate Governance, 13. bis 14. April 2015, Nachhaltige und wirkungsorientierte Steuerung von öffentlichen Unternehmen. Speyerer Arbeitsheft Nr. 223, Speyer* (S. 111–117).

Bogumil, J. (2022). Outputorientierte Steuerung im kommunalen Haushalt – ein jahrzehntelanges Missverständnis! Ein Kommentar. *Verwaltung und Management. Zeitschrift für moderne Verwaltung, 3*(28), 128–131. Nomos.

Bonk, M. (2007). *ITIL in der öffentlichen Verwaltung: Planung. Einführung und Steuerung von IT-Service-Prozessen.* Symposium Publishing.

Borggräfe, J. (2021). Interview: Im agilen Umfeld sind Coaching und Zuhören gefragt. *Innovative Verwaltung, 4,* 14–15. Springer Gabler.

Braun, G. E. (1988). *Ziele in öffentlicher Verwaltung und privatem Betrieb: Vergleich zwischen öffentlicher Verwaltung und privatem Betrieb sowie eine Analyse der Einsatzbedingungen betriebswirtschaftlicher Planungsmethoden in der öffentlichen Verwaltung.* Nomos.

Brede, H. (2005). *Grundzüge der Öffentlichen Betriebswirtschaftslehre* (2. Aufl.). Oldenbourg.

Bull, H. P. (2015). Aufgabenwandel der Verwaltung und der Verwaltungswissenschaft. *Verwaltung und Management. Zeitschrift für moderne Verwaltung, 6,* 283–293. Nomos.

Bull, H. P. (2017). Das öffentliche Bild des öffentlichen Dienstes. Klischees und Realität – und die Konsequenzen. *Verwaltung und Management. Zeitschrift für moderne Verwaltung, 2,* 69–79. Nomos.

Bundesministerium des Innern und für Heimat/Bundesverwaltungsamt. (2022). https://www.orghandbuch.de/OHB/DE/OrganisationshandbuchNEU/1_Einfuehrung/1_7_fuehrungs_organisationskultur/1_7_4_ansaetze_zur_weiterentwicklung/1_7_4_4_instrumente_und_formate/instrumente_und_formate_inhalt.html. Zugegriffen: 28. Juli 2022 (sowie Hirsch/Weber 2012, S. 118).

Bundesverfassungsgericht: Urteil vom 22. Januar 2011, Az. 1 BvR 699/06. https://www.bundesverfassungsgericht.de/SharedDocs/Entscheidungen/DE/2011/02/rs20110222_1bvr069906.html. Zugegriffen: 08. Febr. 2021.

Deckert, R. (2006). *Steuerung von Verwaltungen über Ziele, Konzeptionelle Grundlagen unter besonderer Berücksichtigung des Neuen Steuerungsmodells, Hamburg.*

Eckert, M. (2021). Out-of-the-Box-Denken als Erfolgsstrategie. *Innovative Verwaltung, 4,* 10–12. Springer Gabler.

Edeling, T. (2004). Umstrittene Grenzen: Zur Standortbestimmung öffentlicher Unternehmen. In T. Edeling, E. Stölting, & D. Wagner (Hrsg.), *Öffentliche Unternehmen zwischen Privatwirtschaft und öffentlicher Verwaltung. Eine empirische Studie im Feld kommunaler Versorgungsunternehmen* (S. 9–41). VS Verlag.

Fandel, G., Giese, A., & Raubenheimer, H. (2009). *Supply Chain Management: Strategien – Planungsansätze – Controlling.* Springer.

Gelbrich, K., & Müller, S. (2011). *Handbuch Internationales Management.* Oldenbourg.

Germer, K. T. (2020). *Management in der öffentlichen Verwaltung – eine empirische Analyse auf Leitungsbasis.* Tectum.

Germer, K. T. (2021). *Erfolgreiches Verwaltungsmanagement: Grundlagen für Führungskräfte in der öffentlichen Verwaltung.* Springer Gabler.

Hammer, R. (2011). *Planung und Führung* (8. Aufl.). Oldenbourg.

Hellmann, G., & Hollmann, J. (2017). *Führungskompetenz in der öffentlichen Verwaltung: Motivation, Teamanleitung und Bürgerbeteiligung.* Springer Gabler.

Hirsch, B., & Weber, J. et al. (2012). *Controlling in öffentlichen Institutionen. Rollen – Handlungsfelder – Erfolgsfaktoren.* Schmidt.

Hirsch, B., & Weber, J. et al. (2013). *Strategische Steuerung in öffentlichen Institutionen. Politische Ziele – Strategieentwicklung – Erfolgsfaktoren.* Erich Schmidt.

Jethon, A., & Reichard, C. (2022). Ziele und Kennzahlen im Produkthaushalt: Weiter wie bisher? Problemlagen und Perspektiven ergebnisorientierter Steuerung. *Verwaltung und Management. Zeitschrift für moderne Verwaltung, 3* (28), 97–144. Nomos.

Kirk, W. (2004). *Die öffentliche Verwaltung der Bundesrepublik Deutschland im Wandel zum Verwaltungsbetrieb. Band 1: Public Management: Grundsätze, Chancen und Risiken des Veränderungsprozesses.* Books on Demand.

Kirk, W. (2009). *Die öffentliche Verwaltung der Bundesrepublik Deutschland auf dem Weg zum Verwaltungsbetrieb. Bd. 6: Public Management – Das EU-Konzept der Dienstleistungen von allgemeinem Interesse.* Books on Demand.

Küpper, H.-U. (2004). Planung. In G. Schreyögg & A. v. Werder (Hrsg.), *Handwörterbuch Unternehmensführung und Organisation* (4. Aufl., S. 1149–1164). Schäffer Poeschel.

Losbichler, H., Eisl, C., & Engelbrechtsmüller (Hrsg.). (2015). *Handbuch der betriebswirtschaftlichen Kennzahlen. Key Performance Indicators für die erfolgreiche Steuerung von Unternehmen.* Linde.

March, J. G. (1989). Introduction: A Chronicle of Speculations about Organizational Decision-Making. In J. G. March (Hrsg.), *(1989): Decisions and Organizations* (S. 1–21). Wiley.

March, J. G., & Simon, H. A. (1993). *Organizations* (2. Aufl.). Wiley-Blackwell, Cambridge.

Mintzberg, H. (1994). *The rise and fall of strategic planning.* Free Press.

Oelsnitz, D. v. d. (2009). *Management: Geschichte, Aufgaben, Beruf.* Beck.

Olbrich, R. (2006). *Marketing: Eine Einführung in die marktorientierte Unternehmensführung* (2. Aufl.). Springer.

Proeller, I. (2022). Weiterentwicklung der ziel- und ergebnisorientierten Steuerung in der Schweizer Bundesverwaltung. Erkenntnisse aus der Evaluation des Neuen Führungsmodells für die Bundesverwaltung (NFB). *Verwaltung und Management. Zeitschrift für moderne Verwaltung, 3*(28, 122–127). Nomos.

Richter, P. (2022). Zur Implementation des OZG und den Mühen der Ebene(n). In: Verwaltung und Management. *Zeitschrift für moderne Verwaltung, 4*(28, 150–155). Nomos.

Robbins, S. P., Coulter, M., & Fischer, I. (2014). *Management. Grundlagen der Unternehmensführung* (12. Aufl.). Pearson Studium.

Schawel, C., & Billing, F. (2014). *TOP 100 Management Tools: Das wichtigste Buch eines Managers. Von ABC-Analyse bis Zielvereinbarung* (5. Aufl.). Springer Gabler.

Scherm, E., & Süß, S. (2001). *Internationales Management: Eine funktionale Perspektive.* Vahlen.

Schmid, A. (2016). Big Data: Evolution des Verwaltungscontrollings. *Verwaltung und Management. Zeitschrift für moderne Verwaltung, 1*(22), 34–39. Nomos.

Schmidt, H.-J. (2009). *Betriebswirtschaftslehre und Verwaltungsmanagement* (7. Aufl.). Facultas wuv Verlag.

Schneider, K. (2007). Public Corporate Governance. Die Steuerung öffentlicher Unternehmen im Spannungsfeld von politischer Demokratie und Mitbestimmung. In A. Hänlein & A. Roßnagel (Hrsg.), *Wirtschaftsverfassung in Deutschland und Europa. Festschrift für Bernhard Nagel. Kasseler Personalschriften* (Bd. 5, S. 327–338). Kassel University Press.

Schreyögg, G., & Koch, J. (2020). *Management. Grundlagen der Unternehmensführung. Konzepte – Funktionen – Fallstudien* (8. Aufl.) Springer Gabler.

Seibel, W. (2017). *Verwaltung verstehen. Eine theoriegeschichtliche Einführung* (2. Aufl.). Suhrkamp.

Seiwald, J., Gschiel, P., & Polzer, T. (2022). Parlamentarische Diskussion über die Erreichung von Wirkungszielen in Österreich. Der Budgetausschuss als methodischer Sparringpartner und Wächter politischer Rechenschaftslegung. *Verwaltung und Management. Zeitschrift für moderne Verwaltung, 3*(28, 114–121). Nomos.

Spengler, G. (2009). *Strategie und Organisationsentwicklung: Konzeption und Umsetzung eines integrierten, dynamischen Ansatzes zum strategischen Management.* Gabler.

Staehle, W. H. (1969). *Kennzahlen und Kennzahlensysteme als Mittel der Organisation und Führung von Unternehmen.* Gabler.

Staehle, W. H., Conrad, P., & Sydow, J. (1999). *Management: Eine verhaltenswissenschaftliche Perspektive* (8. Aufl.). Vahlen.

Steinmann, H., Schreyögg, G., & Koch, J. (2013). *Management. Grundlagen der Unternehmensführung. Konzepte – Funktionen – Fallstudien* (7. Aufl.). Springer Gabler.

Stelling, J. N. (2005). *Kostenmanagement und Controlling* (2. Aufl.). Oldenbourg.

Weick, K. E. (1969). *The social psychology of organizing.* Addinson-Wesley Publishing.

Welt, D. (2022). https://www.welt.de/print/die_welt/finanzen/article201675104/Affen-schlagen-beinahe-jeden-Fondsmanager.html. Zugegriffen: 25. Mai 2022.

Westermeier, H., & Wiesner, A. (2012). *Das staatliche Haushalts-, Kassen- und Rechnungswesen* (9. Aufl.). Decker Verlag.

Wipfler, J. (1979). *Leitfaden der Verwaltungslehre. In: Wipfler, Johann: Schriften zur Verwaltungswissenschaft* (Bd. 9). Duncker & Humblot.

Wöhe, G., Döring, U., & Brösel, G. (2016). *Einführung in die Allgemeine Betriebswirtschaftslehre* (26. Aufl.). Vahlen.

Organisation – Strukturen und Prozesse

3

Zusammenfassung

In diesem dritten Kapitel werden die wesentlichen Grundlagen der Management-funktion und des Handlungsfeldes Organisation dargestellt. Fragen zum Umgang mit Aufbau- und Ablauforganisation sind dabei von essenzieller Bedeutung. Neben der Gestaltung von organisationsseitig bzw. von Führungskräften vorgegebenen Strukturen, Prozessen und Handlungsrahmen sowie Regelungen, werden die von erheblicher Bedeutung geprägten informellen Aspekte der Organisation sowie das Themenfeld Organisationskulturen und deren Einflussbereiche beschrieben. Handlungsfelder, Anwendungsbeispiele und anwendungsorientierte Instrumente werden dazu erläutert und für einen erfolgreichen Einsatz bewertet.

3.1 Eine Organisation organisieren

3.1.1 Was es heißt zu organisieren

Das Wortspiel der einleitenden Abschnittsüberschrift „Eine Organisation organisieren" zeigt bereits ein Dilemma des Organisationsbegriffes auf. Was ist eigentlich genau damit gemeint, wenn von Organisation gesprochen wird? Es ist an dieser Stelle direkt anzumerken, dass dazu zahlreiche unterschiedliche wissenschaftliche Interpretationen existieren und je nachdem, welches Buch einem Leser vorliegt, verschiedene Eindrücke entstehen können.

Bei einer einfachen semantischen Bedeutungssuche gibt es bereits mehrere Möglichkeiten von Beschreibungen:

© Der/die Autor(en), exklusiv lizenziert an Springer-Verlag GmbH, DE, ein Teil von Springer Nature 2023
K. T. Germer, *Praxisleitfaden für Führungskräfte im öffentlichen Dienst,*
https://doi.org/10.1007/978-3-662-66679-1_3

1. Ist mit Organisation zum Beispiel eine Behörde oder Einrichtung gemeint,
2. meint Organisation die Ordnung am eigenen Arbeitsplatz,
3. ist es die Struktur unseres Arbeitsalltages oder
4. meint es das um einen herum bestehende Regelwerk, das die Einrichtung bzw. Behörde nach außen abgrenzt.

Die Interpretationsmöglichkeiten sind weitreichend. Zahlreiche wissenschaftliche Abhandlungen beschäftigen sich damit, mehr oder wenige konkrete Ideen für Begriffsbeschreibungen und -bestimmungen des Organisationsbegriffes zu finden. In den zahlreichen Werken dazu gibt es keine abschließend übergreifende und eindeutige Begriffsfestlegung, vielmehr aber eine Sammlung von unterschiedlichen Verständnismöglichkeiten mit jeweils eigenem Interpretationsraum (vgl. Germer, 2021, S. 125, 2020, S. 74 unter Verweis auf von der Oelsnitz, 2009, S. 18 ff.; Vahs, 2015, S. 11; Schreyögg & Geiger, 2016, S. 11–13). Ein Exkurs in die Tiefen der Begriffsbestimmungen von Organisation ist in meinen beiden folgenden Werken an den angegebenen Stellen zu finden: Germer (2020, S. 74 ff.) sowie Germer (2021, S. 125 ff.).[1]

Zwei für uns relevante Definitionen für die regelmäßig verwendeten Begrifflichkeiten von Organisation werden im Folgenden dargestellt.

▶ **Definition von Organisation als Behörde, Einrichtung oder Institution** Organisationen bestehen aus einem Zusammenschluss mehrerer Personen, die ihre Ressourcen in einer Einheit zusammenlegen und sich dann darin im Rahmen von stabilen und instabilen Regelstrukturen bewegen. Gegenüber der sozialen Umwelt lässt sich eine Abgrenzung zwischen innerhalb und außerhalb der Organisation feststellen. Charakteristisch für diesen organisatorischen Zusammenschluss ist eine Beständigkeit über eine gewisse Dauer, die eine Intention zum Selbsterhalt aufweist. Mit Organisation ist somit die Institution an sich gemeint, bspw. eine öffentliche Verwaltungsbehörde im Ganzen.[2]

▶ **Definition von Organisation als Aufgabe von Führungskräften** Durch Organisation als Aufgabe oder Tätigkeit von Führungskräften werden innerhalb einer Organisation Gestaltungsräume zielorientiert ausgenutzt. Durch diese Gestaltung verfestigt sich ein

---

[1] Weiterführende Informationen finden sich bei Schulte-Zurhausen (2014, S. 2 ff.); Nerdinger (2008; S. 19 ff.); Steinle (2005, S. 448 ff.); Thom und Wenger (2010, S. 43 ff.); Schreyögg und Werder (2004, Sp. 967 ff.); Vahs (2015, S. 16 ff.); vgl. auch Laske et al. (2006, S. 13–14); von der Oelsnitz (2009, S. 18); Scherm und Pietsch (2007, S. 3–4); Scherm und Süß (2001, S. 160); Schulz (2006, S. 188 ff.).

[2] Vgl. Germer (2020, S. 75); Schreyögg und Geiger (2016, S. 9–11); Scherm und Pietsch (2007, S. 5); von der Oelsnitz (2009, S. 21–22); Scherm und Süß (2001, S. 160); Laske et al. (2006, S. 5); Thom und Wenger (2010, S. 44–45); vgl. auch Vahs (2015, S. 18); Gukenbiehl (2008, S. 146 ff. und S. 154 ff.).

Regelsystem mitsamt einer Struktur, die Organisation enthält somit ihr Innenleben. Organisation als eine solche Führungsaufgabe dient stets dazu, eine Zielerreichung zu erfüllen. Die übergeordneten Hauptziele von Organisationen und die daraus resultierenden Planungen und Strategien bilden den Rahmen der Gestaltungsfunktion der Organisationsaufgabe. Mit der Aufgabe der Organisation können Führungskräfte somit die grundlegenden Strukturen und Arbeitsabläufe zu Erreichung der Ziele ausgestalten (vgl. Germer, 2021, S. 127–130; Germer, 2020, S. 75; Schreyögg & Geiger, 2016, S. 5–9; Schreyögg & Werder, 2004, Sp. 967; Robbins et al., 2014, S. 27).[3]

Als Alternative zu diesen beiden Definitionen bietet sich die folgende anwendungsorientiertere Beschreibung als Möglichkeit für ein ausreichendes Praxisverständnis an.

Bei dem Begriff der Organisation dreht es sich zum einen darum, dass sich Führungskräfte in Organisationen der öffentlichen Verwaltung bewegen und in ihnen handeln. Diese Organisationen sind – wie im vorhergehenden Kap. 2 beschrieben – mit einer Zielausrichtung versehen und grenzen sich nach außen durch einen bestimmten Kreis von in der Organisation befindlichen Beschäftigten ab (Mitarbeitende und Führungskräfte).

Zweitens ist ein Fokus beim Begriff der Organisation darauf zu legen, wie eine Organisation aufgebaut ist, wie sie funktioniert und welchen Gestaltungsraum es darin für Führungskräfte gibt. Vereinfacht gesagt geht es darum, als Führungskraft im Rahmen der Ziele einer öffentlichen Verwaltungseinrichtung in dieser zu gestalten. Dies sollte mit dem Wissen geschehen, welche organisatorischen Aspekte dabei existieren und wirken und welche beeinflussbar oder gestaltbar sind und welche nicht. Dies ist stets eine wesentliche Aufgabe aller Führungskräfte in einer Organisation, die es im Rahmen von Führungsaufgaben wahrzunehmen gilt.

Auf diesen Gestaltungsraum von Organisation als Aufgabe wird in diesem Kapitel das Hauptaugenmerk gelegt. Hintergrund ist, dass dies ein Handlungsfeld ist, das Führungskräften Spielraum für erfolgreiches Führen in ihrem Arbeitsalltag ermöglicht.

Vorab ist es dazu wichtig zu wissen, welche Bereiche als Führungskraft überhaupt gestaltet werden können. Die wesentlichen Gestaltungsbereiche, auf die sich das Aufgabenfeld der Managementfunktion Organisation bezieht, sind die sogenannte Aufbauorganisation sowie die Ablauforganisation einer Organisation bzw. Behörde (vgl. auch Germer, 2020, S. 76). Der nächste Abschn. 3.1.2 befasst sich mit diesen beiden Bereichen.

---

[3]Vgl. von der Oelsnitz (2009, S. 18 ff.); Thom und Wenger (2010, S. 44); Vahs (2015, S. 16); Germer (2020, S. 76); Schreyögg und Koch (2020, S. 325 ff.); Scherm und Süß (2001, S. 160); Scherm und Pietsch (2007, S. 4 und S. 151); vgl. auch Laske et al. (2006, S. 13); Grochla (1983, Sp. 1003); Bea und Göbel (2006, S. 256–257); Kosiol (1976, S. 39); Frese (1980, S. 207).

3.1.2 Aufbau- und Ablauforganisation – Formale Organisation

Öffentliche Verwaltungseinrichtungen bestehen stets aus in irgendeiner Form gewählten oder entstandenen Strukturen, in denen sich Führungskräfte und Beschäftigte befinden. Dieser und der folgende Abschnitt vertiefen diese Strukturen und geben Hilfestellungen, sich darin zurechtzufinden. In diesem Abschnitt werden die sogenannten formalen Strukturen behandelt, wohingegen der anschließende Abschn. 3.1.3 sich mit den sogenannten informalen Strukturen befasst.

Vereinfacht gesagt handelt es sich im Rahmen der Führungsaufgabe Organisation, die in diesem Abschnitt beschrieben wird, daher stets um die Handhabung von Strukturen, in denen sich Führungskräfte und Mitarbeitende wiederfinden. Für die Führungskräfte einer Organisation heißt es, diese Strukturen zu kennen und zu verstehen und entsprechend der gewünschten Zielvorstellungen zu gestalten. Organisation als Führungsaufgabe ist eine dauerhaft anfallende und daher stets kontinuierlich auszuübende Tätigkeit. Eine zielorientierte Ausgestaltung des organisatorischen Gerüstes sowie der Prozesse liegen dabei im Hauptfokus von Führungskräften.[4] Die Hauptidee, die dabei im Vordergrund steht, ist, die Struktur und die in dieser Struktur arbeitenden Mitwirkenden durch Regelungen dazu zu nutzen und zu bewegen, einen erfolgreichen Zielbeitrag zum Organisationsziel zu leisten (vgl. Germer, 2021, S. 127–130; von der Oelsnitz, 2009, S. 22; Schreyögg, 2016, S. 15; Germer, 2020, S. 76).

Bevor Gestaltungsraum in diesen Sphären möglich wird, ist es jedoch erforderlich zu wissen, was genau gestaltet werden kann.

Zum Einstieg in diesen Abschnitt über die formalen Strukturen wird eingangs eine kurze fachliche Definition der beiden bereits erwähnten Felder Aufbauorganisation und Ablauforganisation vorgestellt (beide nach Germer, 2021, S. 128)[5].

▶ **Definition Aufbauorganisation** Innerhalb der Aufbauorganisation werden die Aufgaben und Kompetenzen organisatorischer Einheiten sowie die Kompetenzen und Kommunikationsbeziehungen zwischen den Organisationseinheiten festgelegt. Die Aufbauorganisation stellt die stabile Struktur der Organisation dar und ist in der Regel als Hierarchie-, Organisationseinheiten- und Stellengefüge in Behördenorganigrammen wiederzuerkennen.

▶ **Definition Ablauforganisation** Durch die Ablauforganisation werden die zeitlichen Abfolgen von Arbeitsvorgängen und die damit zusammenhängenden Anordnungswege

---

[4] Vgl. Schreyögg und Geiger (2016, S. 13–15); Schreyögg und Werder (2004, Sp. 967); Scherm und Pietsch (2007, S. 4); Thom und Wenger (2010, S. 45); Germer (2020, S. 76).
[5] Zur Vertiefung der wissenschaftlichen Sicht auf die Unterteilung von Aufbau- und Ablauforganisation vgl. von der Oelsnitz (2009, S. 48 ff. sowie S. 108 ff.); vgl. auch Frost (2004, Sp. 45–53); Scherm und Pietsch (2007, S. 150); Germer (2020, S. 76).

vorgegeben. Im Einzelnen werden dazu die erforderlichen Prozesse mitsamt allen Aufgabenerfüllungsschritten betrachtet.

Beide dieser Felder beschäftigen sich im Grunde mit demselben Bereich einer Organisation, nämlich die vorhandenen formalen Rahmenbedingungen zu gestalten, aber eben aus unterschiedlichen Blickwinkeln. Dabei blickt die Aufbauorganisation mehr auf die Verteilung und Strukturierung von Personal oder Finanzmitteln, sozusagen im Prinzip allen Ressourcen, die sich über die gesamte Organisation erstrecken. Bei der Ablauforganisation dreht es sich innerhalb der Organisation um Abläufe oder anders ausgedrückt Prozesse, die sich zwischen diesen verschiedenen Ressourcen abspielen, um dazu zu dienen, alle erforderlichen Arbeitsschritte erfolgreich umzusetzen (vgl. von der Oelsnitz, 2009, S. 48 ff. und S. 108 ff.; Frost, 2004, Sp. 45–53; Scherm & Pietsch, 2007, S. 150; Germer, 2020, S. 76).

Nachdem die beiden Handlungsfelder der formalen Organisation, in denen Gestaltungsmöglichkeiten bestehen, im Grundsatz bekannt sind, stellt sich die Frage, wie genau darin erfolgreich gestaltet werden kann. Neben den dazu erforderlichen Instrumenten, von denen einige wesentliche in Abschn. 3.2 näher erläutert werden, gibt es einige grundlegende Gestaltungsmethoden, die im Rahmen der Managementfunktion Organisation essenziell sind und bekannt sein sollten.[6]

Hierbei handelt es sich um die folgenden Gestaltungsmethoden:

1. Arbeitsteilung (wissenschaftlich auch als Differenzierung bezeichnet)
2. Koordination (wissenschaftlich auch als Integration bezeichnet und nicht zu verwechseln mit dem Koordinationsbegriff im Rahmen der Controllingaufgaben – siehe hierzu Abschn. 7.1.2.[7]

Wichtig ist, dass sich beide Felder auf Aufbau- und Ablauforganisation beziehen. Im Rahmen der Gestaltung ist daher stets im Hinterkopf zu behalten, dass es sich um beide Bereiche handelt, die von organisatorischen Entscheidungen tangiert werden können.

Beim ersten Punkt, der organisatorischen Gestaltung im Rahmen der Arbeitsteilung, stehen folgende Aufgaben im Vordergrund: Angestrebt wird eine Aufsplittung von

---

[6] Hier ist die Anmerkung angebracht, wie grundlegend eine organisatorische Gestaltung bereits historisch bedingt der öffentlichen Verwaltung anheftet. Die wenigsten Organisationen – erfasst man die Vielzahl an privatwirtschaftlichen dazu – haben solch ein gründlich und verlässlich ausdifferenziertes und historisch gewachsenes Regel- und Strukturwerk wie öffentliche Verwaltungen. Dies zeigt, dass die Managementfunktion Organisation eine wesentliche Rolle in der Bildung der Strukturen von öffentlichen Verwaltung spielt und dass die öffentliche Verwaltung äußerst geübt ist in diesem Bereich (vgl. Germer, 2021, S. 128 ff.; Germer, 2020, S. 77 sowie S. 164 ff.).

[7] Vgl. Schreyögg und Koch (2020, S. 331–342 sowie S. 342–357); Vahs (2015, S. 49 ff.); Scherm und Süß (2001, S. 160); Germer (2020, S. 77).

Arbeitsprozessen in eine optimale Anzahl sinnvoller Teilelemente und eine damit ver-
bundene Bildung von auf die jeweiligen Organisationsziele effektiv ausgerichteten
Arbeitseinheiten. Dabei ist stets zu berücksichtigen, dass in der Gesamtdarstellung
aller Organisationselemente eine ganzheitliche Gemeinschaft gebildet wird, die mit
einem gesamtorganisatorisch möglichst optimalen Zusammenspiel bestmöglich den
Organisationszielen dient, für das Zusammenspiel ist die weiter unten dann erwähnte
Koordination von Relevanz.

Bei der organisatorischen Arbeitsteilung spielt eine klug gewählte Gestaltung der
unterschiedlichen Arbeitseinheiten eine wichtige Rolle. Es sind Arbeitseinheiten,
Geschäftsbereiche, Abteilungen oder Referate mit den dazugehörigen Stellen, die am
Ende mit Stellen ausgestattet und mit Personal besetzt sind, zu bilden.[8] Die Abbildung
dieser Strukturen innerhalb von Organisationen findet sich dann in der Regel in den
sogenannten Organisationsplänen oder Organigrammen wieder. Die Zuordnung einzelner Aufgabenschritte zu für deren Ausführung verantwortlichen Stellen, innerhalb
eines Gesamtstellenplanes, die mit Mitarbeitern besetzt werden, ist bei dieser Form der
Strukturbildung in einer Organisation ein wichtiger Schritt (vgl. Robbins et al., 2014,
S. 298).[9]

Es gibt unterschiedliche Möglichkeiten im Rahmen der Aufbaustruktur zu gestalten.
In wissenschaftlichen Veröffentlichungen werden hierzu die Ausgestaltungsmöglich-
keiten der funktional oder funktionsbezogenen Verrichtungsorientierung vorgeschlagen
sowie der Objektorientierung, die manchmal auch als divisionale Gestaltungsausrichtung
bezeichnet wird. Weitere Ausdifferenzierungen sind möglich, diese können bei Interesse
an anderer Stelle vertieft werden (siehe hierzu die Hinweise in der Fußnote).[10]

An dieser Stelle wird daher nur ein kurzer Überblick gegeben. Bei einer verrichtungs-
orientierten Gestaltung werden Arbeitseinheiten themenbezogen aufgeteilt, wobei jeder
Arbeitseinheit ein spezifisches Thema zugeordnet wird. Bei der objektorientierten oder
divisionalen Strukturierung werden gleiche Themenbereiche über mehrere Arbeitseinheiten verteilt, aber nach anderen Faktoren wie bspw. Standort oder Zugehörig-

---

[8] In der Praxis ist festzustellen, dass Bezeichnungen wie Abteilung oder Referat äußert Unter-
schiedliches meinen können. Es lässt sich feststellen, dass es eine Vielfalt an in der Praxis
existierenden unterschiedlichen Organisationsformen gibt. So kann unter dem Begriff „Abteilung"
zum Beispiel eine organisatorische Zusammenfassung von zahlreichen Organisationseinheiten
verstanden werden, der Begriff „Abteilung" kann sich aber im Gegensatz dazu auch nur auf eine
deutlich kleinere Organisationseinheit, direkt auf Ausführungsebene beziehen (vgl. Germer, 2020,
S. 47).

[9] Zur Vertiefung des Themas „Bildung von Organisationseinheiten im Rahmen der Arbeitsteilung"
vgl. z. B. Vahs (2015, S. 66 ff.).

[10] Zur Vertiefung dieser Gestaltungsmodelle vgl. zum Beispiel Schreyögg (2016, S. 28–36); Vahs
(2015, S. 94 ff. sowie S. 141 ff.).

keit zu einer Gruppe sortiert (beim Personal bspw. Laufbahn, bei Rechtsgebieten bspw. nationale, EU- oder internationale) (vgl. Germer, 2021, S. 129 sowie 2020, S. 77–78).

Wichtig ist es, in Erinnerung zu behalten, dass die Formen der gewählten Strukturierungsmöglichkeiten stets Schnittstellenprobleme verursachen. An dieser Stelle kommt der zweite zuvor benannte Punkt, die Koordination bzw. Integration, ins Spiel (vgl. Schreyögg, 2016, S. 41–42; vgl. auch Germer, 2020, S. 77–78).

Zur Koordination der zuvor aufgeteilten Arbeitselemente gibt es eine Vielzahl an Möglichkeiten. Hierarchien als ein festgelegtes System von Über- und Unterordnungen sind dabei nur ein Beispiel. Verfahrensrichtlinien oder Regularien bzw. Handlungsanweisungen und Vorschriften stellen weitere Gestaltungswege dar. Ein weiteres an Bedeutung stark zunehmendes Element der organisatorischen Gestaltung ist bei den heutzutage immer komplexeren Vorgängen die sogenannte Selbstabstimmung. Hierbei geht die Initiative zur Integration von Organisationseinheiten bzw. Aufgabenträgern von diesen selbst aus.[11]

Auch Themen wie Dezentralisierung oder Zentralisierung spielen eine Rolle bei der Wahl der Gestaltungsalternativen. Bei der Zentralisierung werden Fachaufgaben an zentraler Stelle verortet, wohingegen bei der Dezentralisierung Aufgaben an dezentrale, über die Organisation verteilte Arbeitseinheiten aufgeteilt werden. Der Gestaltungsraum bezieht sich daher darauf, ob Spezialisten eines Themas an einer Stelle der Organisation sitzen sollen oder Spezialisten von Bereichen sich zu einem Thema in Bereichen über die Organisation verteilen.

Zu der Frage, welcher der beiden Organisationsformen – Zentralisierung oder Dezentralisierung – ein Vorzug zu geben ist, lässt sich in der Praxis Folgendes feststellen: Keine der beiden Ausrichtungsformen kann als grundsätzlich optimal zu jedem Zeitpunkt angesehen werden. Blickt man in die Praxis, lässt sich bereits feststellen, dass es in öffentlichen Verwaltungseinrichtungen keinen erkennbaren Trend in eine Richtung gibt. Vielmehr finden sich in einigen Einrichtungen Bestrebungen zur Zentralisierung, in anderen wird die Auffassung vertreten, der Weg der Dezentralisierung sei der einzig gangbare. Wichtig zu wissen ist es, dass es für jede der beiden Möglichkeiten bessere und ungünstigere Anwendungszeitpunkte gibt. Die spannende Fragestellung, die nur eine Führungskraft mit den „Vor-Ort-Kenntnissen" eines Insiders beantworten kann, ist, welcher Zeitpunkt gerade mit welcher Strukturierungsmöglichkeit am wahrscheinlichsten zusammenpasst. Um diese Entscheidung klug zu treffen, ist ein Blick auf die eventuellen Vor- und Nachteile von Zentralisierung und Dezentralisierung zu werfen. Im Einzelnen

---

[11] Vgl. Germer (2020, S. 7) unter Bezugnahme auf Schreyögg (2012, S. 42 ff.). Der Begriff der Selbstabstimmung wird häufig untergliedert in spontane und organisatorische Selbstabstimmung. Spontane Selbstabstimmung ist, wie der Name bereits nahelegt, nicht beeinflussbar durch das Management, die sogenannte organisatorische Selbstabstimmung dahingegen sehr wohl. Um diese handelt es sich bspw. bei der Einsetzung von Ausschüssen, Benennung von Koordinatoren oder auch Anwendung der Matrixorganisationsform. Zum weiteren Verständnis in diesem Zusammenhang vgl. Schreyögg und Koch (2020, S. 351 sowie 352–357); vgl. auch Vahs (2015, S. 113 ff.).

wird dieses Instrument daher unter Abschn. 3.2 vertieft beschrieben. Die Herausforderung, die mit der Auswahl dieser Strukturierungsmöglichkeiten einhergeht, zeigt aber besonders deutlich, dass es wahrscheinlich ist, dass Organisationen in der Regel auch einem Wandel unterliegen und nicht die eine statisch überdauernde optimale Gestaltungsvariante existiert. Hieran wird bereits deutlich, dass organisatorische Gestaltung in gewisser Hinsicht einem Gesetz von Statik und Dynamik folgt. Sofern feste Organisations-strukturen geschaffen werden, unterliegen diese regelmäßig einem Wandel und erfordern organisatorische Anpassungen. Dies wird auch deutlich nach den Erkenntnissen der folgenden Abschn. 3.1.3 und 3.1.4.[12] Wie sich in der Praxis herausstellt, wird insbesondere der öffentlichen Verwaltung eine Schwerfälligkeit und Behäbigkeit hinsichtlich der Rezeption von Reformtrends oder Veränderungsprozessen zugesprochen. Dies zeigt, wie wichtig es ist, für eine erfolgreiche organisatorische Gestaltung die wesentlichen Hinter-grundinformationen zur optimalen organisatorischen Gestaltung zu kennen (vgl. Germer, 2020, S. 125, S. 210, S. 252, S. 246 ff.; Richter, 2022, S. 152–153).

Eine interessante Frage, die sich für jede Führungskraft stellt, lautet, was sich mit diesen doch erst mal sehr übergeordnet wirkenden Informationen zu organisatorischen Gestaltungsmöglichkeiten im Praxisalltag anfangen lässt. Zumal in den meisten öffentlichen Verwaltungen für die meisten Führungskräfte wenig Spielraum in der Gestaltung des Organigramms besteht, da dieses in der Regel von der obersten Leitung oder spezialisierten Arbeitseinheiten, die explizit für solche organisatorische Gestaltung zuständig sind, festgelegt wird.

Für die meisten Führungskräfte stellt sich daher nicht die Frage, wie sich ein Organi-gramm ändert (obwohl viele Führungskräfte zur Beantwortung einer solchen Frage über vertieftes Vor-Ort-Spezialisten-Wissen verfügen). Vielmehr ist es für sie von Bedeutung, wie sich die Aspekte der Organisationsfunktion am Arbeitsplatz im praktischen Arbeits-alltag einsetzen lassen.

Bei einem Blick auf die eigene Arbeitseinheit lässt sich feststellen, dass sich auch bei einem kleineren Blickwinkel alle Aspekte von Organisation wirksam einsetzen lassen – die in Abschn. 3.2 beschriebenen Methoden und Instrumente geben hierzu näheren Auf-schluss, da bei ihnen die Anwendungsorientierung im Vordergrund steht. Betrachtet man die Struktur der eigenen Arbeitseinheit und der Aufgabenerfüllung, die der eigenen Arbeitseinheit übertragen sind, hat in der Regel jede Führungskraft Raum, die Aufgaben-verteilung und Struktur zumindest vorwiegend selbst mitzugestalten. Insbesondere bei kleinteiligen Aufgaben hilft der Blick auf die übergeordneten Gestaltungsspielräume, welche die Organisationsfunktion zu bieten hat. Zu berücksichtigen ist für eine erfolg-reiche organisatorische Gestaltungsumsetzung eine präzise Vorstellung der Ziele und mithin Ausführung der in Kap. 2 beschriebenen Planungsfunktion (vgl. Germer, 2020, S. 83; Schreyögg & Werder, 2004, Sp. 976–977). Es kann daher festgehalten werden,

---

[12]Vgl. Germer (2020, S. 83); Schreyögg und Koch (2020, S. 375–406); Deeg et al. (2010, S. 64–65); Robbins et al. (2014, S. 190 ff.); Staehle et al. (1999, S. 898 ff.).

dass Überlegungen der Planung im Rahmen der Organisation zur Umsetzung kommen. Im Praxisalltag geschieht diese Umsetzung zumeist durch Auswahl und Einsatz Erfolg versprechender Instrumente (siehe die bereits erwähnte Vertiefung unter Abschn. 3.2).

An einem Beispiel soll noch einmal verdeutlicht werden, wie die Organisations-gestaltung aussehen könnte: Eine exemplarisch anfallende Aufgabe ist die Durchführung z. B. eines Digitalisierungsprojektes in der eigenen Arbeitseinheit. So sollen zukünftig im gesamten Aufgabenbereich dieser Arbeitseinheit anfallende Rechnungen nur noch elektronisch abgewickelt und verakted werden. Das Ziel ist in diesem Fall relativ einfach und deutlich beschrieben. Die Gestaltungsfragen können sich nun darauf beziehen, ob ich einzelnen oder einen Beschäftigten mit der Aufgabe betraue, ob ich eine Struktur bilde, die eher in Arbeitsgruppenform mehrere oder alle Beschäftigten mal mehr mal weniger einbindet, oder ob ich gegebenenfalls selbstorganisierende Strukturen in Betracht ziehen möchte. Daneben obliegt es der Führungskraft abzuwägen, ob sie Regularien oder Ablaufpläne vorgeben möchte oder diese kollektiv oder agil gefunden werden sollen.

Bei all diesen Gestaltungsmöglichkeiten ist stets abzuwägen, wo die Vor- und Nach-teile liegen. Per se ist zunächst keine organisatorische Gestaltungsmöglichkeit von vornherein schlecht oder falsch. Nur unter Kenntnis der jeweils gegebenen Umstände kristallisiert sich heraus, welche organisatorische Gestaltungsform am besten zum Ziel führen kann.

So hat sich bspw. jede Führungskraft in ihrer Arbeitseinheit mit der Frage aus-einanderzusetzen, dass grundsätzlich jede Gestaltungsmöglichkeit eine gute Ent-scheidungsalternative sein kann, Vor- und Nachteile sind abzuwägen, Erkenntnisse aus den in Abschn. 2.1 beschriebenen können hilfreich sein, eine gute Organisationsent-scheidung zu treffen. Sofern dieser Abschnitt für einige Alltagsherausforderungen noch zu abstrakt erscheint, hilft spätestens dann die im Folgenden dargestellte Sammlung an Instrumenten, praxisorientierte Aufschlüsse zu geben.

Bereits angedeutet wurde, dass für eine zielorientierte Gestaltungsentscheidung gewisse Umstände der Organisation zu berücksichtigen sind und in der Regel nicht frei eine organisatorisch zielführende Entscheidung getroffen werden kann. Zu berück-sichtigen ist, dass auf die Gestaltung von Organisation unterschiedliche Einflussgrößen wirken können, die von Führungskräften beachtet werden sollten. In wissenschaftlichen Veröffentlichungen wird hier gern unterteilt in die folgenden Bereiche bzw. Einfluss-faktoren (vgl. Schreyögg & Koch, 2020, S. 479 ff.; Schreyögg, 2012, S. 65–79; vgl. auch Germer, 2020, S. 78):

1. Organisationsumwelt,
2. technologische Einflüsse,
3. Strategie der Organisation oder übergeordnete Zielvorgaben sowie
4. Individuen.

Allen vier Bereichen ist eigen, dass sie nicht durch statisch vorzugebende organisatorische Entscheidungen dauerhaft eingestellt werden können, vielmehr haben sie eine Eigendynamik und wirken dementsprechend auf die organisatorischen Gestaltungsentscheidungen. Vertiefende Erkenntnisse zu den ersten drei Faktoren liegen bereits im Rahmen der Planungsfunktion detaillierter vor und können daher für die Gestaltung Berücksichtigung finden. Ein besonderes Augenmerk ist auf den letzten Punkt (4.) zu legen. Der Einfluss von Individuen, der Vielzahl an Menschen, die in Organisationen tätig sind, kann für die Gestaltung der Organisation von erheblicher Bedeutung sein. Der folgende Abschnitt widmet sich daher diesem Thema.

3.1.3 Die Bedeutung informaler Strukturen neben der formalen Gestaltung

An der Aufzählung der Einflussfaktoren ist bereits erkennbar, dass nicht nur die einseitig vorgegebenen festen Strukturen (die sogenannten formalen), sondern zahlreiche weitere eine Wirkung auf die organisatorische Gestaltung nehmen können (vgl. Germer, 2020, S. 78).[13]

Die sogenannten Hawthorne-Studien, die u. a. den Einfluss der Vielzahl an Individuen innerhalb von Organisationen untersuchen, haben hierzu erstaunliche Erkenntnisse geliefert (im Einzelnen siehe hierzu Germer, 2021, S. 84–90 in Verbindung mit S. 130 sowie Germer, 2020, S. 28–35). Mit diesen Studien konnte erstmals deutlich belegt werden, wie groß der Einfluss informeller Strukturen auf die Praxis tatsächlich ist.

Zur Übersicht werden vorab die beiden Begriffe „formale" und „informale Organisation" mit einer kurzen Definition zusammenfassend dargestellt.

▶ **Definition formalen Organisation** Als formale oder formelle Organisation wird die Organisation als gewünschtes Gebilde aus organisationsseitig festgelegten Strukturen und Regeln bezeichnet. Diese geplante Ausgestaltung einer Organisation wird losgelöst von den Personen bzw. Individuen in den jeweiligen Organisationen gebildet (vgl. Schreyögg, 2016, S. 15–20; Germer, 2020, S. 79; Deeg et al., 2010, S. 53).[14]

▶ **Definition informale Organisation** Informale bzw. informelle Organisationsstrukturen[15] hingegen entstehen als Ergebnis eines sozialen Ordnungsprozesses. Sie bilden sich im Unterschied zu bestehenden formalen Strukturen oftmals spontan und entziehen sich häufig der direkten Beeinflussbarkeit durch die Leitung einer Organisation. Informale Strukturen können parallel neben formalen Strukturen existieren oder aber

---

[13] Zur Vertiefung von formaler und informaler Organisation vgl. bspw. Schreyögg (2016, S. 15–20 und S. 145–152); Schreyögg (2012, S. 15 ff. sowie S. 139 ff.).

[14] Zur Vertiefung vgl. z. B. Vahs (2015, S. 107 ff.); Kieser und Kubicek (1992, S. 67 ff.).

[15] In der wissenschaftlichen Literatur werden die Begriffe informale und informelle Organisation oftmals synonym verwendet.

ergänzend auftreten (vgl. Deeg et al., 2010, S. 54–55; Schreyögg, 2016, S. 145–152; Schreyögg, 2012, S. 18 ff.; Germer, 2020, S. 79; Hellmann & Hollmann, 2017, S. 27–29).[16]

Wohingegen die unter Abschn. 3.1.2 dargestellten organisatorischen Gestaltungselemente in der Regel geplant und intendiert sind, entstehen informale Aspekte unbewusst und oftmals spontan. Es muss nicht wie bei den geplanten Strukturen eine rationale Zielorientierung vorliegen, sondern es kann völlig irrational sein, auch kann es derselben gesamtorganisatorischen Zielorientierung folgen, aber auch komplett gegenläufig sein. So haftet informalen Strukturen selten eine Verbindlichkeit an. Eine Einplanbarkeit oder sogar bereits das Erkennen und Sichtbarmachen von informalen Strukturen kann Führungskräfte vor große Herausforderungen stellen. So kann es bspw. vorkommen, dass Beschäftigte in der Praxis eigene Ziele verfolgen oder andere Wege zur Zielerreichung sehen oder wählen als die von der Führungskraft vorgegebenen. Die Vielzahl an Möglichkeiten, wie und in welcher Ausprägung sich informelle Strukturen auftun, kann riesig sein. Dies zeigt auch das besondere Erfordernis an Aufmerksamkeit, welche Führungskräften diesem Thema widmen sollten.

Das berühmte Eisbergmodell von Vahs verdeutlicht ebenfalls, wie groß die Bedeutung informeller Strukturen in der Praxis ist. So nimmt er an, dass ein Großteil der Strukturen in Organisationen informeller Natur ist (vgl. auch Germer, 2020, S. 80–81). Für Führungskräfte ist dieser Aspekt ein äußerst bedeutsamer. Feststellungen, wie sie u. a. in den Hawthorne-Studien gemacht werden konnten, wonach jedes einzelne Individuum innerhalb einer Organisation mit eigenen Bedürfnissen und Zielen und seinen Auswirkungen auf das Gruppenverhalten in Organisationen einen erheblichen Einfluss auf die organisatorische Struktur haben kann, muss daher zwingend von Führungskräften beobachtet, eingeplant und sofern möglich optimal berücksichtigt werden (vgl. Germer, 2020, S. 80 unter Bezugnahme auf Roethlisberger & Dickson, 2003, S. 279 und S. 401–402). Letzten Endes ist dies nur möglich, sofern Führungskräfte nah am Geschehen in ihren Organisationseinheiten sind, gut vernetzt innerhalb ihrer Strukturen und von ihren Beschäftigten transparent eingebunden werden in Abläufe und Geschehnisse. Wie wichtig es daher ist, einen Führungsstil zu pflegen, der dies ermöglicht, wird daran zum Beispiel deutlich. Zum Thema Führung und Führungsverhalten siehe im Einzelnen Kap. 5.

3.1.4 Die Bedeutung von Organisationskulturen

Ein weiterer zu berücksichtigender Aspekt im Rahmen der organisatorischen Gestaltung ist das Thema der Organisationskultur. Organisationskultur kann wie nachfolgend definiert werden:

---

[16] Zur Vertiefung vgl. z. B. Vahs (2015, S. 118 ff.).

▶ **Definition Organisationskultur** Als Organisationskultur werden gemeinsame Werte, Prinzipien, Traditionen und Abläufe verstanden, welche das Verhalten von Organisationsmitgliedern beeinflussen. Eine Organisationskultur entwickelt sich in der Regel sowohl bewusst als auch unbewusst und entsteht in der Regel über viele Jahre hinweg. Für Außenstehende ist sie nahezu nicht greifbar. Sie kann erlebt und beschrieben werden und ist somit deskriptiv. Sie kann nicht geplant werden und entzieht sich damit gänzlich der Führungsfunktion Planung sowie der formellen Gestaltungsebene der Organisation.[17]

Organisationskulturen entfalten einen erheblichen Einfluss innerhalb von Organisationen. Die spannende Frage neben der Entstehung ist der Umgang mit diesen. Auf die Entstehung soll nur kurz eingegangen werden, da eine intendierte Beeinflussbarkeit nahezu unmöglich ist, zumindest die Entwicklungen werden nie prognostizierbar sein.

Organisationskultur entsteht durch das Erfahren und Erleben von Organisationsmitgliedern. Man kann sie beschreiben, und ein wesentliches Merkmal, welches die Organisationskultur ausmacht, ist, dass viele sie als etwas Ähnliches beschreiben würden. Sie entsteht unabhängig von Einverständnissen und ist nur schwer greifbar. Sie manifestiert sich in gelebtem Alltag und in Ausdrucksformen ihrer Organisationsmitglieder (vgl. Germer, 2020, S. 81; Robbins et al., 2014, S. 60; Schreyögg, 2016, S. 177–178).[18]

Die Beschreibung des Entstehungsprozesses zeigt bereits auf, wie schwierig es ist, greifbare Informationen für einen erfolgreichen Umgang innerhalb der Organisation zu erhalten, ganz zu schweigen von verwertbaren Erkenntnissen für die organisatorische Gestaltung. Fakt ist, dass Führungskräfteentscheidungen immer von der eigenen Organisationskultur beeinflusst werden (vgl. Germer, 2020, S. 82; Robbins et al., 2014, S. 66). Nicht nur für die organisatorische Gestaltung, sondern für die gesamte Bandbreite der Ausübung von Führungskräfteaufgaben ist die Existenz und Kenntnis von Organisationskultur von Relevanz (Germer, 2020, S. 230). Forschungsergebnisse belegen sogar, dass Organisationskulturen von erheblicher Bedeutung sind, um organisatorische Gestaltungslücken zu überbrücken (vgl. zum Beispiel Schulte-Zurhausen, 2014, S. 191; Macharzina & Wolf, 2008, S. 469; vgl. Germer, 2020, S. 225). Aus empirischer Forschungssicht wird sogar davon ausgegangen, dass informal ent-

---

[17] Vgl. Robbins et al. (2014, S. 59); Schreyögg und Geiger (2016, S. 317 ff.); Schreyögg und Koch (2020, S. 581–603); Schreyögg (2016, S. 178–191); Buß (2012, S. 180 ff.); Vahs (2015, S. 121); Germer (2020, S. 81). Zur weiteren Vertiefung des Begriffs „Organisationskultur" vgl. auch Schein (2010, S. 7 ff.) oder Schein und Schein (2018, S. 3 ff.); vgl. auch Vahs (2015, S. 121 ff.); Martin (2003, S. 241 ff.); Weick und Sutcliffe (2003, S. 133 ff.).

[18] Für weiterführende Informationen vgl. Robbins et al. (2014, S. 61–62); Schreyögg (2016, S. 177–195); Schreyögg und Koch (2020, S. 584–591); Germer (2020, S. 82).

standene Organisationskulturen deutlich stärkere Wirkungen entfalten können als formal geschaffene Strukturen (vgl. Germer, 2020, S. 225; Macharzina & Wolf, 2008, S. 469).

Beispiel

Als Beispiel für eine Organisationskultur und ihren Einfluss auf Arbeitsprozesse und die Organisation folgt hier die Darstellung eines fiktiven Beispiels, welches ich im Rahmen meiner empirischen Untersuchungen vor einigen Jahren entwickelt habe (nach Germer, 2020, S. 225–226):

In einem Bürgeramt einer Stadtverwaltung mit regem Kunden-(Bürger-)Verkehr wurden bestmögliche formelle Strukturen geschaffen, die Organisation auf formaler Ebene ist rational betrachtet voll funktionsfähig. Aufgrund informeller Strukturen und Einflüsse – zum Beispiel einem Konflikt im Belegschaftskreis – herrscht im Bürgeramt merkbar schlechte Stimmung, die sich auch bei den Kunden bemerkbar macht. Die angespannte Stimmung führt regelmäßig dazu, dass Kunden und Belegschaft unzufrieden sind. Im Ergebnis führt dies zum Beispiel zu höherem Konfliktpotenzial, längeren Wartezeiten, geringerem Output und letzten Endes zu ansteigender Kundenunzufriedenheit. Im Optimalfall könnte es aber auch genau andersherum aussehen und eine hervorragende Stimmung im Bürgeramt würde das genaue Gegenteil bewirken. Dieses recht vereinfachte Beispiel verdeutlicht sehr gut Einflussmöglichkeiten informeller Strukturen, die in formalen Organisationsgefügen entstehen können.[19] ◄

An diesem Beispiel wird deutlich, wie wichtig Auswirkungen der Organisationskultur und informelle Strukturen sein können. Für eine Führungskraft, die nicht nah genug am Geschehen ist bzw. sich keine Offenheit für die Elemente der Organisationskultur und informeller Strukturen bewahrt, stellt die Praxis große Herausforderungen bereit. Wichtige Erkenntnis aus dem zuvor genannten Beispiel ist, dass informelle Organisationselemente erhebliche Auswirkungen auf die gesamtbezogene Organisationszielerreichung haben können. So kann ein gut aufgebautes Regelwerk ohne Wirkung bleiben und völlig ineffizient und ineffektiv sein oder aber auch systematische Lücken des formalen Organisationsgerüstes füllen oder sogar bis hin zu einer optimal auf die Organisationsziele hin ausgerichteten Zielerfüllung überbrücken, je nach Ausgestaltungsform der Organisationskultur und der informellen Strukturen. In manchen Veröffentlichungen wird sogar die Annahme getroffen, dass Organisation erst durch solche sogenannten emergenten Prozesse abschließend handlungs- und entscheidungsfähig werden (vgl. Germer, 2021, S. 135; Germer, 2020, S. 226; Macharzina & Wolf, 2008, S. 469; vgl. auch Schulte-Zurhausen, 2014, S. 3).

---

[19] Zur Vertiefung der Auseinandersetzung mit Organisationskulturen, insbesondere möglichen Werkzeugen und (Mit-)Gestaltungsmöglichkeiten vgl. z. B. Weick und Sutcliffe (2003, S. 154 ff. sowie S. 133 ff.) oder Schreyögg und Koch (2020, S. 581–603).

Für den Umgang mit diesen nicht so leicht greifbaren Elementen, wie es bei formalen Strukturen der Fall ist, die sich jederzeit erst einmal relativ unabhängig nachjustieren lassen, bleibt es Aufgabe von Führungskräften, für eine erfolgreiche Führungsarbeit in Organisationskultur einzutauchen und informelle Strukturen zu kennen. Ein gutes Verhältnis zu Beschäftigten, beidseitiges loyales Verhalten und ein besonders vertrauensvolles Zusammenarbeiten (im Sinne eines Vertrauens, ausreichend zu delegieren und Verantwortung abzugeben), sind Grundlagen, um nah am Geschehen von organisatorischen informellen Strukturen zu sein. Nicht außer Acht gelassen werden darf hierbei, dass Führungskräfte oft schon hierarchiebedingt gegebenenfalls nicht in alle Bereiche informeller Strukturen eingeweiht sein bzw. teilhaben können. Dies ist zu akzeptieren und zu respektieren. Allein durch ein solches respektvolles Verhalten kann aber gegenüber Beschäftigten eine Vertrauensbasis geschaffen werden, welche die Zusammenarbeit fördert. Weitere Vertiefungen hierzu finden sich im Kapitel zur Führung unter Kap. 5.

3.2   Wichtige Instrumente und Praxistipps

Aufgabenkritik
Eine Aufgabenkritik soll ein mögliches Optimierungspotenzial bei der Ressourcenverteilung aufzeigen, indem der Aufgabenkatalog einer Organisation im Hinblick auf vier zentrale Fragen kritisch betrachtet wird:

- Notwendigkeit, eine Aufgabe oder Teilaufgabe künftig weiterhin zu erbringen,
- Notwendigkeit des bisherigen Leistungsangebotes und der Leistungsbreite einer Aufgabe oder Teilaufgabe zur Zielerreichung,
- Erbringung einer Aufgabe oder Teilaufgabe zwingend von einer spezifischen Organisationseinheit oder gegebenenfalls wirtschaftlicher an anderer Stelle möglich (wie externe Dienstleister, Privatwirtschaft),
- Auslotung von Optimierungspotenzial hinsichtlich der Ausgestaltung von Geschäftsprozessen bei den weiterhin im Untersuchungsbereich verbleibenden Aufgaben bzw. Teilaufgaben.[20]

---

[20] Vgl. Bundesministerium des Innern und für Heimat/Bundesverwaltungsamt (2022a). Im Internet abrufbar unter: https://www.orghandbuch.de/OHB/DE/Organisationshandbuch/3_Aufgabenkritik/32_Begriffserkl%C3%A4rung/begriffserklaerung-node.html;jsessionid=6197A03CCC437E9DA43A871D41C878D5.2_cid332 (zuletzt abgerufen am 28.07.2022).

In der Regel werden diese vier Fragen, die bei einer Aufgabenkritik gestellt werden, in die sogenannte Zweck- und Vollzugskritik aufgeteilt. Die Zweckkritik fokussiert dabei auf die Gestaltung der Aufgabenerledigung.[21]

Praxistipp

Aufgabenkritik wirkt in ihrem Ansatz – vor allem bei gründlicher Betrachtung theoretischer Empfehlungen – als ein relativ umfangreiches Unterfangen. Zu empfehlen ist, die vorgenannten vier Schritte bereits im Kleinen im Arbeitsalltag zu betrachten, sobald sich eine Gelegenheit dazu bietet, und gegebenenfalls entsprechende Anpassungen in der Aufgabenerledigung vorzunehmen. Es muss nicht immer gleich eine groß angelegte Untersuchung des gesamten Aufgabenportfolios angestrebt werden.

Zusammen mit der Geschäftsprozessoptimierung (zur Erläuterung siehe weiter unten) und der Erhebung erforderlicher Personalbedarfe (sogenannte Personalbedarfsermittlung) bildet sich für die öffentliche Verwaltung die als Organisationsuntersuchung bezeichnete Methode heraus (siehe hierzu im Einzelnen bspw. das Handbuch für Organisationsuntersuchungen und Personalbedarfsermittlungen des Bundesministeriums des Innern und für Heimat[22] oder das Handbuch Organisationsmanagement der KGSt[23]). Oftmals werden solche Untersuchungen von Stakeholdern gefordert, da Mängel an der Aufgabenerfüllung wahrgenommen werden. Viele Beratungsunternehmen können dafür angelegte Organisationsuntersuchungspakete anbieten. Aus der Praxis kann hierzu die folgende Empfehlung für die öffentliche Verwaltung gegeben werden: Eine solche gesamtorganisations- oder organisationseinheitenbezogene Untersuchung bindet erhebliche zeitliche Ressourcen. Eine Mitsteuerung ist daher unentbehrlich. Andernfalls führen die Ergebnisse oftmals nicht zum gewünschten Erfolg und einer Verbesserung in der Aufgabenwahrnehmung und -erledigung, sondern schlichtweg nur zu einer Veränderung.

Besprechungen
Siehe hierzu unter Abschn. 5.2.

---

[21] Vgl. Bundesministerium des Innern und für Heimat/Bundesverwaltungsamt (2022a). Im Internet abrufbar unter: https://www.orghandbuch.de/OHB/DE/Organisationshandbuch/3_Aufgabenkritik/32_Begriffserkl%C3%A4rung/begriffserklaerung-node.html;jsessionid=6197A03CCC437E9DA43A871D41C878D5.2_cid332 (zuletzt abgerufen am 28.07.2022).

[22] Vgl. Bundesministerium des Innern und für Heimat/Bundesverwaltungsamt (2022b). Im Internet abrufbar unter: www.orghandbuch.de (zuletzt abgerufen am 28.07.2022).

[23] Vgl. KGSt (1999).

Change-Management

Change-Management oder auch Veränderungsmanagement bezeichnet die Begleitung von Anpassungen an Elementen der einzelnen Handlungsfelder und entsprechenden Managementfunktionen Planung, Organisation, Personal oder auch im Stakeholder-bereich und damit einhergehende für die Organisation oder deren Mitglieder veränderte Rahmenbedingungen. Die vorgenannte Aufzählung ist nicht abschließend. Im Prinzip kann jedwede Form von Wandel und Veränderungen ein Change-Management erforderlich machen.

Den für das Veränderungsmanagement verantwortlichen Führungskräften obliegen die Aufgaben eines Katalysators, Moderators, Konfliktmanagers und Prozessberaters in einem partizipativ angelegten Prozess, der sowohl auf der Ebene der Individuen (siehe hierzu auch Personalentwicklung unter Abschn. 4.1.2), der Gruppen als auch der Gesamtorganisation ansetzt (vgl. Markus & Meuche, 2022, S. 32–33; Reineke et al., 2000, S. 621).

Praxistipp

Begleitung von Veränderungen gegenüber der Organisation, den Abläufen oder Strukturen, gegenüber den Mitarbeitenden, die geführt werden, ist insbesondere in der öffentlichen Verwaltung essenziell, nicht nur vor dem Hintergrund der unter dem Kapitel der Rationalitätssicherung und Controlling beschriebenen Aspekte (siehe im Einzelnen hierzu Kap. 7). Auch um erfolgreiche Umsetzungen zu erzielen und Mitarbeitende an Bord zu haben, bedarf es einer Transparentmachung und einer Begleitung von Veränderungsprozessen. Je nach Tiefe der Veränderungen sind diese Erfordernisse intensiver oder nicht zu beachten. Fingerspitzengefühl bei jeder Form von Anpassung ist daher mit einem gewissen Pragmatismus zur erforderlichen Umsetzung von Aufgaben erforderlich.[24]

Zu beachten ist in der öffentlichen Verwaltung hierbei insbesondere, dass Beschäftigte und eine Vielzahl an Stakeholdern (im Einzelnen siehe hierzu Abschn. 6.1) enorme Erwartungen haben, wie zum Beispiel Transparenz, Verlässlichkeit oder Planbarkeit und Rückführbarkeit auf Regularien oder sogar Normen und Gesetze.

---

[24] Als weiterführende Literatur vgl. zum Beispiel Lauer (2019, S. 3 ff.) oder Schreyögg und Geiger (2016, S. 359 ff.).

Vgl. auch Vahs (2015, S. 261 ff.); Schreyögg und Koch (2020, S. 56, sowie S. 375–379); Schreyögg (2016, S. 203).

Design Thinking

Unter dem Begriff Design Thinking finden sich eine Vielzahl an Ausgestaltungen bzw. Instrumenten wieder, die eine gewisse Anlehnung an Scrum (siehe Abschn. 3.2) oder Kanban (ebenfalls Abschn. 3.2) erkennen lassen und in ihrer Unterschiedlichkeit dennoch einem ähnlichen Konzeptrahmen folgen. Im Kern dreht es sich bei Design-Thinking-Konzepten darum, Probleme durch iteratives Vorgehen, verbunden mit hoher Fehlerakzeptanz und aufgebrochenen Hierarchien sowie Einbindung einer Vielzahl an möglichen Spezialisten erfolgreich und effizient zu lösen. Ein interdisziplinär zusammengesetztes Team soll sich bei der Lösung eines Problems dazu nicht ein Endprodukt als Zielbild setzen, sondern die Befriedigung der Interessen der Stakeholder des Produktes (Anwender- bzw. Nutzerorientierung) durch gezielte Verbesserung mit jeder Wiederholung von Prozessschritten als oberstes zu erreichendes Ziel ansehen (vgl. bspw. Schallmo, 2017, S. 6 ff.; vgl. auch Vonhof, 2018, S. 179).

> **Praxistipp**
> Es ist zu beachten, dass in Theorie und Praxis unterschiedliche Instrumente unter den Begriff des Design Thinking gefasst werden können.
> Je nach Problem oder Aufgabe können Ansätze des Design Thinking in der öffentlichen Verwaltung dabei helfen, zu besseren Lösungen zu kommen. Da in den Iterationen keine Endvorgabe vorgesehen ist nach den Grundrahmenbedingungen von Design-Thinking-Ansätzen, besteht insbesondere in der öffentlichen Verwaltung die Herausforderung, unterschiedliche Stakeholder zu erreichen, Zielverschränkungen zu akzeptieren und Vorgänge zu einem Abschluss zu bringen und nicht durch endlose Wiederholungen zu potenziellen weiteren Verbesserungsmöglichkeiten in Stagnation zu geraten bzw. niemals ein Ziel zu erreichen.

Geschäftsprozessoptimierung

Eine Geschäftsprozessoptimierung bezeichnet Aktivitäten und Entscheidungen zur Verbesserung von Geschäftsprozessen bzw. Abläufen innerhalb einer Organisation. Organisatorisch bezieht sich die Geschäftsprozessoptimierung daher auf die Ablauforganisation.

Auslöser für notwendige bzw. angestrebte Geschäftsprozessoptimierungen können etwa die folgenden sein:

- Veränderung der Prozessvorgaben (Änderung der Ablauforganisation),
- Harmonisierung von Prozesslandschaften,
- Lange Durchlaufzeiten (Bearbeitungszeiten, Entscheidungsfindungszeiten),
- Hohe Prozess-/Verwaltungskosten,

- Veränderungen/Anpassungen aufgrund von Änderungen der IT-Umgebungen.[25]

Bei der Geschäftsprozessoptimierung geht es zunächst darum, in einem ersten Schritt typische Abläufe und Verwaltungsverfahren zu erfassen, um anschließend die einzelnen Verfahrensschritte zu optimieren. In der Praxis werden oftmals die in einer Organisationseinheit anfallenden Geschäftsprozesse gemeinsam mit den Mitarbeitenden erfasst und grafisch dargestellt. Dazu können Methoden der Geschäftsprozessmodellierung, wie zum Beispiel BPMN – Business Process Modeling Notation – eingesetzt werden. Es werden in diesem Zusammenhang eine Vielzahl von Modellierungsverfahren und entsprechende Software auf dem Markt angeboten.[26]

Praxistipp
Ähnlich wie bei der Aufgabenkritik stellt sich die Frage, ob eine flächendeckende Prozessbeschreibung in öffentlichen Verwaltungen sinnvoll und erforderlich ist, bevor eine Prozessoptimierung vorgenommen wird. Es finden sich immer wieder Empfehlungen, von vornherein alle Prozesse in Organisationen flächendeckend zu beschreiben. In öffentlichen Verwaltungen fehlt es bisher aber zumeist an solchen globalen Beschreibungen. Eine aufwendige flächendeckende Erhebung sollte daher kritisch infrage gestellt werden und immer vor dem Hintergrund Aufwand und Nutzen abgewogen werden. Zumeist reicht es aus, in spezifischen Bereichen Prozesse darzustellen und bei Bedarf zu untersuchen. Von einem globalen nur zum Selbstzweck ausgeführten Erfassen aller Prozesse ist eher abzuraten, da die Abbildung einer umfangreichen Prozesslandschaft nur seiner selbst wegen wenig bringt. Zielführender ist es, aufgrund der knappen Ressourcen bedarfsweise vorzugehen, auch wenn dies im Einzelfall dazu führt, dass Erkenntnisse erst nach einer notwendigen Erhebung vorhanden sind. Dies ist aber unter Effizienzgesichtspunkten in der Regel vertretbar.

Bei der Durchführung einer Geschäftsprozessoptimierung ist im Hinblick auf die Zielstellungen zu berücksichtigen, dass Wechselwirkung eintreten können. So kann eine angestrebte Verbesserung von Serviceaufgaben, zum Beispiel in Form der Verkürzung von Bearbeitungszeiten, gegebenenfalls einen höheren Ressourcenbedarf (wie Personal) auslösen.[27]

---

[25] Vgl. Bundesministerium des Innern und für Heimat/Bundesverwaltungsamt (2022c). Im Internet abrufbar unter: https://www.orghandbuch.de/OHB/DE/Organisationshandbuch/4_Geschaeftsprozessoptimierung/42_GrundlagenBegriffsbestimmung/grundlagenbegriffsbestimmung-node.html) (zuletzt abgerufen am 28.07.2022).

[26] Einen Überblick über zahlreiche Modellierungsmöglichkeiten bieten zum Beispiel Best und Weth (2009) oder Becker et al. (2009).

[27] Vgl. Bundesministerium des Innern und für Heimat/Bundesverwaltungsamt (2022c). Im Internet abrufbar unter: https://www.orghandbuch.de/OHB/DE/Organisationshandbuch/4_

Kanban

Kanban ist ein Ansatz, das sich auf die Darstellung von Prozessen fokussiert und in seinen Ursprüngen auf dem Ansatz des Lean Managements (Schlankes Management)[28] basiert. Die ganzheitliche Optimierung des Prozessablaufes mittels Messung von Zwischenschritten z. B. durch Kennzahlen steht dabei im Vordergrund (zu Kennzahlen siehe Abschn. 7.2). Der Fokus liegt bei der Arbeitsschritterfüllung darauf, keine anderen Prozessschritte unnötig zu gehen und damit andere Bereiche nicht ohne Erfordernis zu überlasten.[29]

> **Praxistipp**
> In der öffentlichen Verwaltung kann zur Visualisierung von Vorhaben ein im Zuge agiler Arbeitsweisen eingeführtes Kanban-Board bzw. Kanban Canvas von Nutzen sein, um Prozessschritte besser darzustellen und eine Aufgabenstrukturierung, Verantwortlichkeiten und Zielerreichung optimierter sicherzustellen. Das Instrument an sich hilft zur Visualisierung. Eine flächendeckende Einführung von Kanban als ganzheitlicher Ansatz, was entsprechende Prozessbeschreibungen erfordern würde, erscheint bei der Gestaltungsbreite in Behörden von öffentlichen Verwaltungen und deren regelmäßig auftretenden Zielverschränkungen nicht zielführend. Projektbezogen oder für spezifisch geeignete Aufgabenbereiche kann die Anwendung in der öffentlichen Verwaltung aber durchaus sinnvoll sein.

Organisationsentwicklung

Hinter dem Begriff der Organisationsentwicklung versteckt sich in der Regel stets eine Anpassung der unter Abschn. 3.1 beschriebenen Aspekte von Organisation, die einem Wandel unterliegen und daher stets Anpassungserfordernisse mit sich bringen können (Becker & Labucay, 2012, S. 1–2).[30]

Geschaeftsprozessoptimierung/42_GrundlagenBegriffsbestimmung/grundlagenbegriffs-bestimmung-node.html) (zuletzt abgerufen am 28.07.2022).

[28] Zum Thema Lean Management vgl. bspw. Germer (2021, S. 36), Beer (2011, S. 56–57); Jann (2011, S. 71–72); Germer (2020, S. 113–114); Hieber (2005, S. 47–48).

[29] Zur Vertiefung von Kanban vgl. z. B. Jordan (2018, S. 57–64).

[30] Vgl. auch Vahs (2015, S. 261 ff.); Schreyögg und Koch (2020, S. 380 ff.); Schreyögg (2016, S. 210).

> **Praxistipp**
> Hinter den Modellen der Organisationsentwicklung stehen stets die grundlegenden, in diesem Kapitel beschriebenen Elemente. Bei Beachtung der wesentlichen Anpassungsbereiche in der Aufbau- und Ablauforganisation mit ihren Wirkungsbereichen, wie sie zuvor beschrieben sind, kann daher eine Weiterentwicklung bei jeder Form von Organisationsentwicklung erfolgreich begleitet werden.

Personalbedarfsermittlung

Zur Ermittlung des erforderlichen Personalbedarfs gibt es zahlreiche Wege, Methoden oder Instrumente, die für die öffentliche Verwaltung umfassend und tiefgehend beschrieben werden (vgl. hierzu zum Beispiel das Handbuch für Organisationsuntersuchungen und Personalbedarfsermittlungen des Bundesministeriums des Innern und für Heimat[31] oder das Handbuch Organisationsmanagement der KGSt[32]).

> **Praxistipp**
> Die Erhebung von Personalbedarf kann auf so unzähligen Wegen erfolgen, dass stets abzuwägen ist, welche Methode für die jeweiligen Erfordernisse am geeignetsten erscheint.
> Eine nach Muster ausgeführte Personalbedarfsermittlung muss nicht zwingend auch zu einem sinnvollen Ergebnis führen, da je nach Auswahl der Methode mehr oder weniger Zielorientierung gegeben sein kann (insbesondere die Frage, welche Ziele verfolgt werden, steht hierbei im Vordergrund). Wichtig ist, dass bei jeder Form von Personalbedarfsbemessung auch zu berücksichtigen ist, dass, sofern bereits personelle Ressourcen bei den zu untersuchenden Aufgaben unterlegt sind, dahinter auch Menschen stehen. Sowohl deren Einbeziehung als auch Berücksichtigung erfordern regelmäßig Kenntnisse über informelle Strukturen (siehe Abschn. 3.1.3) und Stakeholderinteressen (siehe Kap. 6), um erfolgreichere Ergebnisse zu erzielen.

---

[31] Vgl. Bundesministerium des Innern und für Heimat/Bundesverwaltungsamt (2022d). Im Internet abrufbar unter: www.orghandbuch.de und im Einzelnen https://www.orghandbuch.de/OHB/DE/Organisationshandbuch/5_Personalbedarfsermittlung/51_Grundlagen/grundlagen-node.html (zuletzt abgerufen am 28.07.2022).

[32] Vgl. KGSt (1999).

Scrum (deutsch: Gedränge)

Bei Scrum handelt es sich um einen im Grundgedanken standardisierten Ansatz, der einem festgelegtem Konzept folgt, das bewusst nur einen Rahmen auf Ebene von Beziehungen und Interaktionsmöglichkeiten vorgibt und somit darauf aufbaut, dass Raum für den Einsatz kollektiver Intelligenz besteht. Das Konzept ist mit seinem vollständigen Ansatz frei zugänglich und wird im Internet öffentlich zur Verfügung gestellt (vgl. http://scrumguides.org, zuletzt abgerufen am 05.10.2022 sowie dort Schwaber & Sutherland, 2020; vgl. auch Fischbach, 2018, S. 65).

Die Hauptaspekte und -elemente von Scrum sind sogenannte Scrum-Master, die das Umfeld zur Anwendung des Instruments fördern sollen, Prozessverantwortliche, sogenannte Product Owner, ein Team sowie deren Stakeholder und in der Arbeitsweise sogenannte Sprints in der Arbeitsdurchführung sowie Wiederholung zur erfolgreichen Zielerreichung (vgl. im Einzelnen hierzu Schwaber & Sutherland, 2020, S. 3).

> **Praxistipp**
> Eine flächendeckende Einführung von Scrum erscheint schon aus hierarchischen Grundgedanken der öffentlichen Verwaltung (Rückführbarkeit des Verwaltungshandelns auf die oberste Ebene und damit gewählte Volksvertreter oder in anderen Fällen Recht und Gesetz) nicht möglich (siehe hierzu auch die Ausführungen unter Abschn. 1.2). Einzelfall- und projektbezogen sowie insbesondere in bestimmten Aufgabenbereichen lassen sich in der öffentlichen Verwaltung sicherlich Felder finden, in denen Scrum erfolgreich eingesetzt werden kann. Inwiefern derartige Einsatzmöglichkeiten dem Grundkonzept von Scrum ganzheitlich entsprechen können, bleibt fraglich. Das Konzept selber nimmt an, dass ein versuchsweises Agieren mit Scrum hier die besten Lernerfolge erzielt. Dem ist so erst mal nichts entgegenzusetzen, grundsätzlich sollte aber darauf geachtet werden, dass es in öffentlichen Verwaltungen Aufgabenbereiche gibt, die sich vermutlich weniger zur Anwendung von Scrum eignen (Abwendung von Gefahren, öffentliche Sicherheit, um nur einige sehr eindeutige Beispiele zu nennen). Zur Ideenentwicklung und Konzeptarbeit kann Scrum sich teilweise in der öffentlichen Verwaltung gut anbieten. Es stellt sich aber die Frage, ob es nicht ausreicht, einige Modifizierungen des Grundgedankens von Scrum zur Anwendung zu bringen. Hinsichtlich der Einführung elektronischer Aktensysteme in der öffentlichen Verwaltung gibt es bereits eine auf die öffentliche Verwaltung zugeschnittene Betrachtung (vgl. Fischbach & Steinbrecher, 2020, S. 116–137). Erkenntnisgewinne zu nachhaltigen Erfolgen bei einer solchen Einführung und Ablösung des seit fast einem Jahrhundert etablierten Veraktungssystems in der öffentlichen Verwaltung bleiben abzuwarten.

Wissensmanagement

Das in einer Organisation vorhandene Wissen ist in fragmentierter Form auf die Mitarbeitenden verteilt. Wissensmanagement zielt auf die systematische Erfassung, Aufbewahrung und Auswertung des gesamten in einer Organisation angesammelten Wissens. Der Einsatz von Wissensmanagement ist elementar für Organisationen, in denen die Qualifikation der Mitarbeiter sowie deren Lernfähigkeit und Wissen maßgeblich für den Erfolg sind. Der Nutzen von Wissensmanagement liegt in einem schnelleren Zugriff auf unternehmensinternes und -externes Wissen, der Vermeidung redundanter Tätigkeiten, schnellerer Entscheidungsfindung und nicht zuletzt der Ermöglichung von Lerneffekten für die Organisation (vgl. Schawel & Billing, 2014, S. 206 ff.; vgl. auch Frey-Luxemburger, 2014, S. 5 ff.; vgl. auch Vahs, 2015, S. 261 ff.; Schreyögg & Koch, 2020, S. 398–401 sowie S. 252; Schreyögg, 2012, S. 199).

> **Praxistipp**
> Der Aufbau eines flächendeckenden Wissensmanagements bedarf großer Anstrengungen, da in öffentlichen Verwaltungen regelmäßig Expertenwissen auf zahlreiche Köpfe verteilt ist. IT-gestützte Anwendungen können dabei helfen, Wege zu finden, einen Teil dieses Wissens – gerade in Zeiten von starkem Personalwechsel – sichern zu können und für die Organisation dauerhaft abrufbar und weiter entwickelbar zu machen.

3.3 Lessons Learned

In diesem Kapitel wurde das Handlungsfeld der Organisation beschrieben. Die Bedeutung von formaler Organisationsstruktur, der Aufbau- und Ablauforganisation, sowie informellen bzw. informalen Strukturen und Organisationskulturen wurde beschrieben und mit Instrumenten angereichert.

Wichtige Kernbotschaften im Handlungsfeld der Organisation von Führungskräften sind die folgenden:

- Der Begriff der Organisation kann sich unter anderem auf eine Organisation als Institution beziehen oder auf die organisatorischen Aufgaben von Führungskräften.
- Es gibt formale und informale Organisationsstrukturen.
- Innerhalb der formalen Strukturen, der Aufbau- und Ablauforganisation, fallen für Führungskräfte Aufgaben der Arbeitsteilung und Koordination der in Arbeitsschritte zerlegten Aufgaben an.
- Formale Strukturen sind niemals dauerhaft statisch. Es gibt unterschiedliche Einflüsse, die kontinuierlich mal stärker, mal weniger starke Wirkungen erzeugen.

- Informale Strukturen existieren in jeder Organisation. Sie machen einen erheblichen Anteil des organisatorischen Gefüges aus.
- Informale Strukturen sind schwer sichtbar zu machen.
- Informale Strukturen müssen keinen rationalen Beweggründen folgen.
- Stakeholderinteressen und Machtverteilungen spielen eine erhebliche Rolle im Rahmen informaler Strukturen (vgl. auch Kap. 6).
- Unter Organisationskulturen werden gemeinsame Werte, Prinzipien, Traditionen und Abläufe verstanden, welche das Verhalten von Organisationsmitgliedern beeinflussen.
- Organisationskultur entwickelt sich bewusst und unbewusst und entsteht über längere Zeiträume.
- Organisationskultur ist für Außenstehende nahezu nicht sichtbar.
- Für Führungskräfte ist wichtig zu wissen, dass Organisationskulturen stets existieren und ein Eintauchen darin daher erforderlich ist. Organisationskulturen entziehen sich aber gänzlich der Führungsfunktion und sind nicht bewusst steuerbar.

Literatur

Bea, F. X., & Göbel, E. (2006). *Organisation: Theorie und Gestaltung* (3. Aufl.). UTB.

Beer, M. J. (2011). Staatsleitbilder. In B. Blanke et al. (Hrsg.), *Handbuch zur Verwaltungsreform* (4. Aufl., S. 52–60). VS Verlag.

Best, E., & Weth, M. (2009). *Geschäftsprozesse optimieren. Der Praxisleitfaden für erfolgreiche Reorganisation*. Gabler.

Becker, J., Algermissen, L., & Falk, T. (2009). *Prozessorientierte Verwaltungsmodernisierung. Prozessmanagement im Zeitalter von E-Government und New Public Management* (2. Aufl.). Springer.

Becker, M., & Labucay, I. (2012). *Organisationsentwicklung: Konzepte, Methoden und Instrumente für ein modernes Change-Management*. Schäffer-Poeschel.

Bundesministerium des Innern und für Heimat/Bundesverwaltungsamt. (2022a). https://www.orghandbuch.de/OHB/DE/Organisationshandbuch/3_Aufgabenkritik/32_Begriffserkl%C3%A4rung/begriffserklaerung-node.html;jsessionid=6197A03CCC437E9DA43A871D41C878D5.2_cid332. Zugegriffen: 28. Juli 2022.

Bundesministerium des Innern und für Heimat/Bundesverwaltungsamt (2022b). www.orghandbuch.de. Zugegriffen: 28. Juli 2022.

Bundesministerium des Innern und für Heimat/Bundesverwaltungsamt. (2022c). https://www.orghandbuch.de/OHB/DE/Organisationshandbuch/4_Geschaeftsprozessoptimierung/42_GrundlagenBegriffsbestimmung/grundlagenbegriffsbestimmung-node.html. Zugegriffen: 28. Juli 2022.

Bundesministerium des Innern und für Heimat/Bundesverwaltungsamt. (2022d). https://www.orghandbuch.de/OHB/DE/Organisationshandbuch/5_Personalbedarfsermittlung/51_Grundlagen/grundlagen-node.html. Zugegriffen: 28. Juli 2022.

Buß, E. (2012). *Managementsoziologie. Grundlagen, Praxiskonzepte, Fallstudien* (3. Aufl.). Oldenbourg.

Deeg, J., Küpers, W., & Weibler, J. (2010). *Integrale Steuerung von Organisationen*. Oldenbourg.

Fischbach, J., & Steinbrecher, W. (2020). Agiles Projektmanagement nach Scrum. In W. Steinbrecher (Hrsg.), *Agile Einführung der E-Akte mit Scrum – Die digitale Akte als kollaborative Teamplattform aufsetzen* (S. 117–137). Springer Gabler.

Fischbach, J. (2018). Scrum – In kurzen Iterationen zum Ziel. In M. Bartonitz et al. (Hrsg.), *Agile Verwaltung. Wie der öffentliche Dienst aus der Gegenwart die Zukunft entwickeln kann* (S. 65–74). Springer Gabler.

Frese, E. (1980). Aufgabenanalyse und -synthese. In E. Grochla (Hrsg.), *Handwörterbuch der Organisation* (2. Aufl., Sp. 207–217). Schäffer Poeschel.

Frey-Luxemburger, M. (2014). *Wissensmanagement – Grundlagen und praktische Anwendung: Eine Einführung in das IT-gestützte Management der Ressource Wissen* (2. Aufl.). Springer Gabler.

Frost, J. (2004). Aufbau- und Ablauforganisation. In G. Schreyögg & A. v. Werder (Hrsg.), *Handwörterbuch Unternehmensführung und Organisation* (4. Aufl., Sp. 45–53). Schäffer-Poeschel.

Germer, K. T. (2021). *Erfolgreiches Verwaltungsmanagement: Grundlagen für Führungskräfte in der öffentlichen Verwaltung*. Springer Gabler.

Germer, K. T. (2020). *Management in der öffentlichen Verwaltung – Eine empirische Analyse auf Leitungsbasis*. Baden-Baden.

Grochla, E. (1983). Organisation. Kontrolle und Revision. In A. G. Coenenberg, & K. v. Wysocki (Hrsg.), *Handwörterbuch der Revision* (Sp. 1002–1011). Poeschel.

Gukenbiehl, H. L. (2008). Institution und Organisation. In H. Korte & B. Schäfers (Hrsg.), *Einführung in Hauptbegriffe der Soziologie* (7. Aufl., S. 145–162). VS Verlag.

Hellmann, G., & Hollmann, J. (2017). *Führungskompetenz in der öffentlichen Verwaltung: Motivation, Teamanleitung und Bürgerbeteiligung*. Springer Gabler.

Hieber, F. (2005). *Öffentliche Betriebswirtschaftslehre: Grundlagen für das Management in der öffentlichen Verwaltung* (5. Aufl.). Wissenschaft & Praxis.

Jann, W. (2011). Verwaltungswissenschaft, Policy-Forschung und Managementlehre. In B. Blanke et al. (Hrsg.), *Handbuch zur Verwaltungsreform* (4. Aufl., S. 67–75). VS Verlag.

Jordan, F. (2018). Kanban: Ursprung, Gemeinsamkeiten, Unterschiede, Wirkungsweise. In M. Bartonitz et al. (Hrsg.), *Agile Verwaltung. Wie der öffentliche Dienst aus der Gegenwart die Zukunft entwickeln kann* (S. 55–64). Springer Gabler.

Kieser, A., & Kubicek, H. (1992). *Organisation* (3. Aufl.). Schäffer-Poeschel.

KGSt. (1999). *KGSt-Handbuch Organisationsmanagement*.

Kosiol, E. (1976). *Organisation der Unternehmung* (2. Aufl.). Springer Gabler.

Laske, S., Meister-Scheytt, C., & Küpers, W. (2006). *Organisation und Führung*. Waxmann.

Lauer, T. (2019). *Change Management: Grundlagen und Erfolgsfaktoren* (3. Aufl.). Springer Gabler.

Macharzina, K., & Wolf, J. (2008). *Unternehmensführung. Das internationale Managementwissen. Konzepte – Methoden – Praxis* (6. Aufl.). Gabler.

Martin, A. (Hrsg.). (2003). *Organizational Behaviour – Verhalten in Organisationen*. Kohlhammer.

Markus, H., & Meuche, T. (2022). *Auf dem Weg zur digitalen Verwaltung. Ein ganzheitliches Konzept für eine gelingende Digitalisierung in der öffentlichen Verwaltung*. In: Edition Innovative Verwaltung, Springer Gabler.

Nerdinger, F. W. (2008). Grundlagen des Verhaltens in Organisationen. In von der D. Oelsnitz & J. Weibler (Hrsg.), *Organisation und Führung* (2. Aufl.). Kohlhammer.

von der Oelsnitz, D. (2009). *Die innovative Organisation. Eine gestaltungsorientierte Einführung* (2. Aufl.). Kohlhammer.

Reineke, R.-D., Weber, J., & Peemöller, V. H. (2000). C. In T. Hadeler & E. Winter (Hrsg.), *Gabler Wirtschaftslexikon. Die ganze Welt der Wirtschaft: Betriebswirtschaft, Volkswirtschaft, Recht und Steuern* (15. Aufl., S. 609–666). Gabler.

Richter, P. (2022). Zur Implementation des OZG und den Mühen der Ebene(n). *Verwaltung und Management. Zeitschrift für moderne Verwaltung, 4*(28), 150–155.

Robbins, S. P., Coulter, M., & Fischer, I. (2014). *Management. Grundlagen der Unternehmensführung* (12. Aufl.). Pearson Studium.

Roethlisberger, F. J., & Dickson, W. J. (2003). Management and the worker. In K. Thompson (Hrsg.), *The early sociology of management and organizations* (Bd. V). Routledge.

Schawel, C.& Billing, F. (2014). *TOP 100 Management Tools: Das wichtigste Buch eines Managers. Von ABC-Anaylse bis Zielvereinbarung* (5. Aufl.). Springer Gabler.

Schallmo, D. R. A. (2017). *Jetzt Design Thinking anwenden – In 7 Schritten zu kundenorientierten Produkten und Dienstleistungen, essentials.* Springer Gabler.

Schein, E. H. (2010). *Organizational culture and leadership* (4. Aufl.). Jossey-Bass.

Schein, E. H., & Schein, P. (2018). *Organisationskultur und Leadership* (5. Aufl.). Vahlen.

Scherm, E., & Pietsch, G. (2007). *Organisation: Theorie, Gestaltung, Wandel.* Oldenbourg.

Scherm, E., & Süß, S. (2001). *Internationales Management: Eine funktionale Perspektive.* Vahlen.

Schreyögg, G. (2012). *Grundlagen der Organisation. Basiswissen für Studium und Praxis.* Springer Gabler.

Schreyögg, G. (2016). *Grundlagen der Organisation. Basiswissen für Studium und Praxis* (2. Aufl.). Springer Gabler.

Schreyögg, G., & Geiger, D. (2016). *Organisation: Grundlagen moderner Organisationsgestaltung. Mit Fallstudien* (6. Aufl.). Springer Gabler.

Schreyögg, G., & Koch, J. (2020). *Management. Grundlagen der Unternehmensführung. Konzepte – Funktionen – Fallstudien* (8. Aufl.). Springer Gabler.

Schreyögg, G., & Werder, A. v. (2004). Organisation. In G. Schreyögg & A. v. Werder (Hrsg.), *Handwörterbuch Organisation und Unternehmensführung* (4. Aufl., Sp. 966–977). Schäffer-Poeschel.

Scrum-Guides. (2022). http://scrumguides.org. Zugegriffen: 5. Okt. 2022.

Schulte-Zurhausen, M. (2014). *Organisation* (6. Aufl.). Vahlen.

Schulz, K.-P. (2006). *Die Prozessrallye – Lerntätigkeit in Organisationen. Ein praxistheoretisches Modell und seine Anwendung im Unternehmen.* Waxmann.

Staehle, W. H., Conrad, P., & Sydow, J. (1999). *Management: Eine verhaltenswissenschaftliche Perspektive* (8. Aufl.). Vahlen, München.

Steinle, C. (2005). *Ganzheitliches Management: Eine mehrdimensionale Sichtweise integrierter Unternehmensführung.* Gabler.

Schwaber, K., & Sutherland, J. (2020). Der Scrum-Guide. Der gültige Leitfaden für Scrum: Spielregeln, deutsche Fassung, November 2020. https://scrumguides.org/docs/scrumguide/v2020/2020-scrum-guide. Zugegriffen: 5. Okt. 2022.

Thom, N., & Wenger, A. P. (2010). *Die optimale Organisationsform: Grundlagen und Handlungsanleitung.* Gabler.

Vahs, D. (2015). *Organisation. Ein Lehr- und Managementhandbuch* (9. Aufl.). Schäffer-Poeschel.

Vonhof, C., et al. (2018). Bibliotheken und Agilität – Welten begegnen sich? In M. Bartonitz (Hrsg.), *Agile Verwaltung. Wie der öffentliche Dienst aus der Gegenwart die Zukunft entwickeln kann* (S. 169–183). Springer Gabler.

Weick, K. E., & Sutcliffe, K. M. (2003). *Das unerwartete Managen: Wie Unternehmen aus Extremsituationen lernen* (2. Aufl.). Schäffer Poeschel.

Personaleinsatz – Quality Personal ist meine Hardware

4

Zusammenfassung

Im Rahmen des Führungsthemas Personal wird in der Regel oftmals eine Abhandlung von erfolgreicher Personalführung erwartet. Diesem Aspekt wird das nachfolgende Kap. 5 gerecht. In diesem Kap. 4 geht es nun um ein nicht minder wichtiges Thema, die Frage des Einsatzes des richtigen Personals an der richtigen Stelle. Des Weiteren wird die Fragestellung betrachtet, wie Führungskräfte erkennen, ob ihr Personal über geeignete Qualifikationen verfügt, wie es abgerufen bzw. eingestellt werden kann, wie es entwickelt werden sollte und letzten Endes entlohnt wird und welche Bedeutung Personalbeurteilung und Motivation haben.

4.1   Das richtige Personal an der richtigen Stelle

4.1.1   Personal finden und effektiv einsetzen

Nachdem im Rahmen der organisatorischen Gestaltung Stellenstrukturen in Organisationseinheiten geschaffen wurden, sind diese in einem nächsten Schritt mit Personal zu besetzen (vgl. auch Schreyögg & Koch, 2020, S. 623; Robbins et al., 2014, S. 343–344; Germer, 2020, S. 83–84, vgl. auch Schreyögg & Geiger, 2016, S. 178–182, 447). In der Regel haben die meisten Führungskräfte bei der Einrichtung und Schaffung von neuen Stellen wenig Gestaltungsspielraum, da dies von übergeordneten Organisationseinheiten oder Führungskräften höherer Hierarchieebenen vorgegeben wird. Da das Anzeigen eines Personalmehrbedarfs aber für die meisten Führungskräfte von essenzieller Bedeutung ist, soll auch hierauf etwas ausführlicher eingegangen werden.

© Der/die Autor(en), exklusiv lizenziert an Springer-Verlag GmbH, DE, ein Teil von Springer Nature 2023
K. T. Germer, *Praxisleitfaden für Führungskräfte im öffentlichen Dienst*,
https://doi.org/10.1007/978-3-662-66679-1_4

Mengenmäßige Personalbedarfe sind in der Regel mit den vorgegebenen Stellen-
gefügen der organisatorischen Gestaltung festgelegt. Nichtsdestotrotz kommt es in
Zeiten der Aufgabenverdichtung und vor allem des Aufgabenzuwachses in vielen
Arbeitsbereichen dazu, dass mit dem bestehenden Personalbestand – auch nach erfolgreicher Priorisierung – nicht ausreichend Personalressourcen vorhanden sind. In diesen
Fällen ist den eigenen Vorgesetzten oder gegebenenfalls einer dafür zuständigen Arbeitseinheit (in der Praxis oftmals Personal-, Organisations- oder Haushaltsarbeitseinheiten)
anzuzeigen, dass ein zusätzlicher Personalbedarf erforderlich ist. Da in der öffentlichen
Verwaltung in der Regel durch haushaltsseitige Vorgaben Restriktionen für das Aus-
bringen von neuen Stellen bestehen, bedarf es im Einzelfall einer guten Begründung von
neuem Personalbedarf. Zeitweise Personalanforderungen gestalten sich oftmals einfacher
als dauerhafte, da die haushaltsrechtlichen und finanziellen Regelungen gegebenenfalls
etwas mehr Spielraum zulassen. In allen Fällen sollte ein erforderlicher Personalbedarf
so begründet werden, dass sich die Aufgaben des angeforderten Bereiches prägnant und
greifbar erklären lassen. Von zu umschweifenden Darstellungen ist abzuraten, oftmals
ist es besser, einige wesentliche Punkte der neuen Aufgaben herauszugreifen, diese von
den bestehenden Aufgaben (das ja bereits mit Personal unterlegt ist) abzugrenzen und
zu beschreiben, in welchem Bearbeitungsumfang mit der neuen Aufgabe zu rechnen ist.
Im Einzelnen siehe hierzu die Instrumenten-Beispiele zur Feststellung von quantitativem
Personalbedarf (unter Abschn. 4.2).

Eine weitere wichtige Fragestellung im Rahmen des Personaleinsatzes hängt mit dem
qualitativen Einsatz von Personal zusammen. Hier kommt auch der in der Überschrift
gewählte Begriff der Hardware ins Spiel, da heutzutage das richtig qualifizierte Personal
an der richtigen Stelle bei entsprechender Motivation einer der ausschlaggebendsten
Faktoren für erfolgreiche Führung und Zielerreichung ist. Auch wenn es nicht ganz
treffend erscheint, von Kollegen als Hardware oder Ressource zu sprechen, so bildet der
Begriff der Hardware dennoch eine brauchbare Metapher, sofern man eine Organisation
als den die Personen umgebenden Raum – so wie das Gehäuse eines Computers – ver-
steht und die formalen und informalen Strukturen (wie sie in Kap. 3 beschrieben werden)
als Software bzw. Zusammenspiel von verschiedenen Softwarepaketen.

Nur Führungskräfte, die über die Fähigkeit verfügen, Personal ihrer Arbeitseinheit
entsprechend ihren Qualifikationen zielorientiert einzusetzen, werden es schaffen, nach-
haltig erfolgreich zu führen (vgl. Schreyögg & Koch, 2020, S. 627 ff.). Mit der falschen,
nicht passenden Hardware läuft auch ein Computer im schlechtesten Fall gar nicht.

Gutes Personal identifiziert sich vor allem durch Qualifikation, aber auch durch
Fähigkeiten, Talente oder Kompetenzen. Da es an diesem Punkt noch nicht um die Entwicklung des Personals geht (siehe hierzu Abschn. 4.1.2), bleibt es für diesen Bereich
dabei, dass Führungskräfte das Potenzial ihrer Beschäftigten kennen und daraus einen
erfolgsorientierten Einsatz ableiten. Hier ist Fingerspitzengefühl gefragt, da sich
nur einige Fakten aus „den Papieren – den Personalakten und den ursprünglichen
Bewerbungsunterlagen" ableiten lassen. Viele Aspekte von Qualifikation, Fähigkeiten,
Talenten oder Kompetenzen treten erst mit der Zeit und im Rahmen von Aufgaben-

bearbeitung in Erscheinung. Das Augenmerk von Führungskräften muss daher darauf liegen, mit geeigneten Instrumenten die wichtigen Merkmale dieser vier Aspekte bei ihrem Personal zu identifizieren und daraus Schlussfolgerungen für einen adäquaten Einsatz zu ziehen (vgl. Germer, 2020, S. 84; Oechsler, 2004, Sp. 1126; Schreyögg & Koch, 2020, S. 628 ff.). Instrumente unter Abschn. 4.2 geben weiteren Aufschluss über mögliche Erkenntnisgewinne.

In den Fällen, in denen das entsprechend erforderliche Personal nicht vorhanden ist, weil es schlichtweg fehlt oder die Stelle wie oben beschrieben neu geschaffen wurde, stellen sich Fragen von Personalbeschaffung und einer sich anschließenden Personalauswahl.

Die Auswahl von geeignetem Personal ist ein Grundstein jeder erfolgreichen Führungskraft. Es ist in Erinnerung zu behalten, dass eine Führungskraft daran zu messen ist, wie erfolgreich ihre Organisationseinheit schlussendlich arbeitet. Das maßgebliche Triebwerk von Organisationseinheiten sind dabei stets die Beschäftigten (vgl. Schreyögg & Koch, 2020, S. 628).

Für die Beschaffung und Auswahl von neuen Beschäftigten stehen grundsätzlich zwei Möglichkeiten zur Verfügung: eine interne Rekrutierung von Personal aus der eigenen Organisation oder von außen über eine externe Rekrutierung (vgl. Schreyögg & Koch, 2020, S. 630; Scherm & Süß, 2001, S. 234).

Zu unterscheiden sind bei diesen beiden Wegen vor allem die Geschwindigkeit und Zeitdauer eines Besetzungsverfahrens. Internes Personal aus anderen Organisationseinheiten ist zum einen bekannt hinsichtlich Qualifikationen (wenn auch nicht zwingend allen Führungskräften, aber zumindest innerhalb der Organisation) und darüber hinaus steht es in der Regel oftmals kurzfristig zum Abruf bzw. Wechsel bereit. Internes Personal kann zudem zielgerichtet weiterqualifiziert werden (vgl. auch Germer, 2020, S. 84; Bundesrechnungshof, 2014, S. 27; Schreyögg & Koch, 2020, S. 630) und verfügt in der Regel oft über essenzielle Kenntnisse der Organisation, der Organisationskultur und gegebenenfalls sogar informellen Strukturen (siehe zu den weiteren Vorteilen von interner Personalauswahl auch Abschn. 4.1.2 zur Personalentwicklung).

Sofern internes Personal nicht zur Verfügung steht oder die erforderlichen Qualifikationen nicht in der eigenen Organisation vorhanden sind, ist es zwingend erforderlich, sich am externen Arbeitsmarkt zu bedienen. Hier kann grundsätzlich jedes erforderliche Personal abgerufen werden, allerdings verfügt dieses in der Regel nie über Insiderkenntnisse der Organisation – sowohl Organisationskultur als auch informelle Strukturen müssen erst mit der Zeit erlernt werden. Darüber hinaus besteht auf dem externen Markt ein hoher Wettbewerb bei der Rekrutierung, nicht nur in finanzieller Hinsicht (siehe hierzu auch den noch folgenden Abschnitt zur Personalentlohnung – Abschn. 4.1.3), sondern auch in genereller Verfügbarkeit von Qualitätspersonal. Der hohe Fachkräftemangel in Deutschland ist ein wichtiger Grund, warum der Personalbindung ein hoher Stellenwert beizumessen ist (vgl. Schreyögg & Koch, 2020, S. 630–633; Germer, 2020, S. 86) – zum Bestehen dieses Wettbewerbs siehe im Einzelnen die

entsprechenden Instrumente zur Personalauswahl, Personalqualifikation, Personalentlohnung und Personalbindung (Abschn. 4.2).

In beiden Konstellationen, sowohl bei interner als auch bei externer Personalakquise,
ist zu beachten, dass in öffentlichen Verwaltungen formale Gremienbeteiligungen von
Personalräten, Schwerbehinderten- und Gleichstellungsbeauftragten vorzusehen und mit
Auswirkungen auf den zeitlichen Horizont zu berücksichtigen sind. Dies verlängert in
beiden Fällen die Vorlaufzeiten von Einstellungen etwas.

Unabhängig davon, welche Form der Personalakquise gewählt wird, sollte sich jede
Führungskraft vor einer Einstellung von Personal Gedanken über das Anforderungs-
profil der zu besetzenden Stellen machen. In der öffentlichen Verwaltung gibt es
oftmals bereits Dienstpostenbeschreibungen oder tarifliche Arbeitsplatzbewertungen,
die diese Arbeit erleichtern können. Neben diesen eher formellen Aspekten sollten aber
auch Überlegungen angestellt werden, welche weiteren Fähigkeiten, Kenntnisse oder
Qualifikationen für den Arbeitsplatz dienlich sein könnten. Auch die Fragestellung
guter Teamzusammensetzungen sollte nicht außer Acht gelassen werden (vgl. Germer,
2020, S. 85 unter Bezugnahme auf Oechsler, 2004, Sp. 1126). Hinsichtlich formeller
Erfordernisse, wie die Erstellung von Fähigkeitsprofilen aller Bewerber, helfen oftmals
Personalabteilungen. Zu berücksichtigen ist aber auch, dass die interne Personalauswahl gewissen Herausforderungen bestehender Personalbeurteilungssysteme unterliegen
kann. Gerade in der öffentlichen Verwaltung ist von besonderer Bedeutung und daher zu
berücksichtigen, dass eine Personalauswahl in formeller Hinsicht in der Regel auf der
Grundlage von bestmöglicher Eignung erfolgt, die vorwiegend über Beurteilungsverfahren sichergestellt wird (vgl. Germer, 2020, S. 84 unter Bezugnahme auf Steinmann
et al., 2013, S. 699–700). So ergaben auch meine empirischen Erkenntnisse, dass insbesondere im Beamtenbereich des öffentlichen Dienstes schwerfällige Beurteilungs-
systeme die optimale Besetzung von Dienstposten mit dem bestqualifiziertesten und
bestgeeigneten Personal durchaus erheblich erschweren können (vgl. Germer, 2020,
S. 209–210).

Zu guter Letzt soll noch kurz ein Blick auf das Thema Personalabbau als Gegenstück
zum Personaleinsatz gelegt werden. Fragen von Personalabbau sind von Bedeutung,
da über kurz oder lang immer wieder Aufgaben wegfallen oder so umstrukturiert
werden, dass kein Bedarf mehr an einer bestimmten Stelle besteht (vgl. bspw. Robbins
et al., 2014, S. 353). Gerade in der öffentlichen Verwaltung bestehen mit Lebens-
zeitverbeamtungen und unbefristeten, unkündbaren Verträgen in diesem Bereich
große Herausforderungen. Hinzu kommt oftmals die Schwierigkeit, dass mittels der
Organisationsfunktion geschaffene Strukturen in öffentlichen Verwaltungen teilweise
gar nicht oder nur sehr schwerfällig abgeschafft oder umstrukturiert werden können.
Hier zeigt sich eine gewisse Behäbigkeit in öffentlichen Verwaltungsbehörden (vgl.
Germer, 2020, S. 88; vgl. bspw. auch Schubert, 2022, S. 125). Auch dieser Punkt weist
verstärkt darauf hin, wie wichtig es für Führungskräfte ist, qualifiziertes und motiviertes
Personal in der eigenen Organisation zu binden. Weitere Einzelheiten hierzu finden sich
in Abschn. 4.1.2.

4.1.2 Personal beurteilen und entwickeln

Nachdem im vorhergehenden Kapitel die Bedeutung der internen Personalakquise deutlich wurde, soll in diesem Abschnitt das Thema der Personalentwicklung und fortlaufenden Personalbeurteilung des vorhandenen Personalbestandes betrachtet werden. Die große Bedeutung des eigenen Personals in Organisationen wurde weiter oben bereits hervorgehoben (Stichwort Kenntnisse über informelle Strukturen und Organisationskultur, aber auch Netzwerke). Um das Personal bestmöglich für die Organisation einsetzen zu können, bedarf es regelmäßig auch der Entwicklung von Fähigkeiten und Kenntnissen. Insbesondere in den heutigen Zeiten des zunehmenden Personalmangels ist es wichtig, vorhandene Personalbestände ausreichend gut zu qualifizieren. Darüber hinaus ist es erforderlich, als Führungskraft ein gutes Bild über die Leistungen von Beschäftigten, besser gesagt die Ergebnisse ihrer Arbeit, zu haben. Darüber sollte eine Führungskraft grundsätzlich im regelmäßigen Arbeitsalltag einen Überblick haben (vgl. Germer, 2020, S. 86 unter Bezugnahme auf Steinmann et al., 2013, S. 738). In regelmäßigen Abständen können darüber hinaus formalisierte Beurteilungsverfahren angestrebt werden. Beides hilft dabei, ein Bild über die Beschäftigten, ihre Fähigkeiten, ihr Potenzial oder ihre Motivation zu erhalten. Die Formalisierung der Beurteilung bildet in der öffentlichen Verwaltung zudem in vielen Einrichtungen die Basis eines komplexen Systems für Auswahlentscheidungen bei Besetzungen, Qualifikationsmaßnahmen oder Beförderungen.

Im Rahmen von Personalentwicklung sollen vorhandene Qualifikationen erweitert, vertieft oder neue Qualifikationen aufgebaut werden. Durch Personalentwicklung kann eine Organisation ein deutlich gesteigertes Flexibilitätspotenzial der Ressource Personal erhalten. Gerade wenn man bedenkt, dass heutzutage Aufgaben, z. B. im Rahmen von Digitalisierungsbestrebungen, einem starken Wandel unterliegen, ist es erforderlich, Fähigkeiten und Kompetenzen von Beschäftigten weiterzuentwickeln, um diese nicht am externen Markt abrufen zu müssen. Darüber hinaus kommt hinzu, dass in öffentlichen Verwaltungen in der Regel Beschäftigte dauerhaft gebunden werden und Personal nicht bei größeren Aufgabenveränderungen einfach komplett ausgetauscht werden kann (vgl. Hellmann & Hollmann, 2017, S. 16–17; Steinmann et al., 2013, S. 761–762; Oechsler, 2004, Sp. 1129–1130; Germer, 2020, S. 87; Markus & Meuche, 2022, S. 27–28). Darüber hinaus wird einer Förderung von eigenem Personal für die Organisation auch die Entwicklung von Innovationsfreude und Kreativitätspotenzial nachgesagt (vgl. Schreyögg & Koch, 2020, S. 689). Dies ergibt Sinn, betrachtet man ein eventuell gesteigertes Motivationspotenzial von Beschäftigten, die sich mit besonders qualifiziertem Wissen möglicherweise eigenständiger oder als Experten sogar motivierter in Vorhaben einbringen können, die der Zielerreichung der Organisation dienen. Auch hinsichtlich der Personalbindung sind die Elemente der Personalentwicklung wichtig (vgl. z. B. Haubrock & Öhlschlegel-Haubrock, 2009, S. 70; Schreyögg & Koch, 2020, S. 663 sowie S. 687). Die Investition in das Personal nehmen die Beschäftigten als gegebenenfalls wertschätzend wahr, sodass der motivierende Aspekt auch hier besonders wichtig ist. Aus dieser Innenwirkung entsteht darüber hinaus ein ganz besonders wichtiges Bild nach außen. Außerhalb der Organisation kann es besonders wichtig sein, eine Außenwirkung zu erzeugen, die deutlich macht, welche Bedeutung der Ressource Personal in der jeweiligen öffentlichen Verwaltungsorganisation beigemessen wird. In diesen Zeiten eines zunehmenden Personalmangels ein höchst bedeutsamer Aspekt, der von Führungskräften aller Ebenen beachtet werden sollte (Germer, 2020, S. 87–88; Robbins et al., 2014, S. 360; Haubrock & Öhlschlegel-Haubrock, 2009, S. 70; vgl. auch Schreyögg & Koch, 2020, S. 630–631).

Personalentwicklung beschränkt sich jedoch nicht nur auf mitarbeitende Beschäftigte in Organisationseinheiten, sondern ist auch für Führungskräfte von besonderer Bedeutung. So sind insbesondere jene Führungsfertigkeiten zu stärken, wie sie in den Kapiteln dieses Buches beschrieben werden. Neben der persönlichen Weiterqualifikation ist die Bereitschaft der Führungskräfte auch ein wichtiges Signal für Beschäftigte, sich entsprechend weiterzuqualifizieren.

Personalentwicklung kann auch Verbindungen zur Personalbeurteilung aufweisen, sofern Beurteilungen – in welcher Form auch immer – Grundlage sein sollten, Erkenntnisse über die erforderlichen Personalentwicklungsmaßnahmen zu erlangen (vgl. Germer, 2020, S. 86–87 unter Bezugnahme auf Steinmann et al., 2013, S. 737).

Neben der bereits beschriebenen Erforderlichkeit einer alltäglichen aufmerksamen Wahrnehmung von Beschäftigten (einzelne Instrumente können unter Abschn. 4.2 vertieft werden), wird nachfolgend auf formale Verfahren in öffentlichen Verwaltungen eingegangen, da ihnen organisationsseitig regelmäßig ein hoher Stellenwert beigemessen wird. Ob dieser gerechtfertigt ist, wird nach den Ausführungen etwas deutlicher. Da sich jedoch keine Führungskraft diesen Verfahren entziehen kann, besteht hier das Erfordernis zu einigen Erläuterungen.

Besonders häufig finden sich in öffentlichen Verwaltungen die formalen Beurteilungsformate Beamtenbeurteilungen, Leistungsorientierte Bezahlung für Tarifbeschäftigte und Zielvereinbarungen. Regelmäßig unterliegen diese Verfahren in der öffentlichen Verwaltung rechtlichen Vorgaben und Verfahrensregeln.[1] Im Rahmen von Gesprächen mit Führungskräften und aus den Ergebnissen meiner empirischen Forschungen lässt sich feststellen, dass die praktischen Erfahrungen zeigen, dass keines der Verfahren in der Praxis wirklich effektiv eingesetzt wird. So kommen Führungskräfte zu dem Schluss,

---

[1] Für Bundesbeamte vgl. z. B. §§ 48 bis 50 Bundeslaufbahnverordnung. Im Internet unter: https:// www.bgbl.de/xaver/bgbl/start.xav?start=%2F%2F*%5B%40attr_id%3D%27bgbl109s0284. pdf%27%5D#__bgbl__%2F%2F*%5B%40attr_id%3D%27bgbl109s0284. pdf%27%5D__1556309238330 (zuletzt aufgerufen am 16.06.2022).
Für Tarifbeschäftigte vgl. z. B. § 18 Tarifvertrag für den öffentlichen Dienst (TVöD). Im Internet unter: https://www.bmi.bund.de/DE/themen/oeffentlicher-dienst/tvoed/arbeitsvertragsmuster/ arbeitsvertragsmuster-node.html (zuletzt aufgerufen am 16.06.2022).

dass zum Beispiel bei Beamtenbeurteilungen durch die engen rechtlichen formellen Voraussetzungen wenig Spielraum für realistische Leistungsbeurteilungen besteht. Formale Beamtenbeurteilungssysteme werden als sehr zeitaufwendig beschrieben und aufgrund der oftmals in der Praxis auftretenden damit verbundenen Gerichtsverfahren in immer wieder vorkommenden Einzelfällen als äußerst arbeitsintensiv und in keinem Verhältnis zu Zielen wie Mitarbeitendenmotivation gesehen (Germer, 2020, S. 209–210). Zumindest eine Differenzierung von Personal wird zwar möglich, die Frage ist aber, ob es sich tatsächlich um zeiteffiziente Verfahren handelt. Auch die Leistungsorientierte Bezahlung wird in vielen öffentlichen Verwaltungen oftmals mehr als Gießkannenprinzip betrieben, der Motivations- und Differenzierungseffekt gingen aus Praktiksicht dabei völlig verloren (Germer, 2020, S. 206 und 209–210 sowie S. 213–214). Zielvereinbarungen müssten daher auf die Mitarbeitenden angepasst, transparent hinsichtlich der Zielrückverfolgbarkeit (vgl. Abschn. 2.1.2) und tatsächlich individuell motivierend angelegt und vereinbart werden (mehr Details zum Instrument der Zielvereinbarung unter Abschn. 4.2).

Abschließend sei darauf hingewiesen, dass es formalisiert auch regelmäßig Beurteilungen von Führungskräften geben kann. Besonders wichtig ist auch, das Augenmerk darauf zu richten, dass im Rahmen von informellen Strukturen, meistens in Unkenntnis der Führungskräfte, ebenfalls im Alltag ein Bild über die Führungskraft entsteht. Dies ist besonders wichtig zu wissen, da eine Führungskraft sich überlegen sollte, welche Wirkung sie auf ihre Mitarbeitenden erzeugen möchte.

4.1.3   Personalentlohnung – Geld oder Lob

Das Kapitel des Personaleinsatzes abschließend wird ein kurzer Blick auf den Themenkomplex der Personalentlohnung geworfen, da diese klassischerweise ein wichtiger Bestandteil im Rahmen von Personalbeschaffung und -einsatz ist. Allerdings sind die Besoldungs- bzw. Entlohnungs- und Vergütungssysteme in öffentlichen Verwaltungen im Vergleich zu privatwirtschaftlich agierenden Organisationen immens reglementiert.

Dies macht Sinn, betrachtet man den Aspekt, dass öffentliche Verwaltungen sich in der Regel aus Steuereinnahmen, teilweise aus Gebühren finanzieren und Gehälter diesen Einnahmen entgegenstehen. Bei Betrachtung des Arbeitsmarktes und der knappen vorhandenen personellen Ressourcen muss festgestellt werden, dass die öffentliche Verwaltung hier nicht mithalten kann, entsprechende Vergütungen wie in der Privatwirtschaft an Beschäftigte zu zahlen.

Entlohnung ist bekanntermaßen ein wichtiger Anreiz für Beschäftigte sowie für potenzielle Beschäftigte. Zur Motivationssteigerung und für die Mitarbeitendenbindung sind monetäre Anreize auch heute noch grundlegend und daher von jeder Führungskraft mitzuberücksichtigen (vgl. Germer, 2020, S. 88; Schreyögg & Koch, 2020, S. 705 ff. sowie S. 728 ff.; Robbins et al., 2014, S. 361 ff.; Oechsler, 2004, Sp. 1129).

Dennoch zeigt sich ein immer stärkerer Wandel in der Praxis, vor allem bei jüngeren Kolleginnen und Kollegen, weg von dem Motivationsfaktor Gehalt hin zu anderen motivierenden Anreizen (vgl. hierzu z. B. den Artikel der Zeitschrift *Handelsblatt* vom 26. September 2022 (Fromm, 2022)[2] oder auch Schreyögg & Koch, 2020, S. 726 ff.). So lässt sich in der Praxis feststellen, wie wesentlich für Beschäftigte beispielsweise die Anerkennung herausragender Leistungen ist oder was echte und gelebte Wertschätzung, so sie denn authentisch ist, an Motivation hervorrufen kann. Hinzu kommen Faktoren, wie sie zuletzt durch die Covid-19-Pandemie hervorgerufen wurden. Beispielsweise sich neu etablierende Strukturen im Arbeitsalltag, wie die intensive Nutzung von Heimarbeitsplätzen oder flexiblen Arbeitsorten, stellen heutzutage wesentliche Bedingungen dar, die vor allem nach außen hin für potenzielle Bewerber von großer Bedeutung sein können. Auch die Möglichkeiten der Gestaltung von Work-Life-Balance scheinen heutzutage eine enorm große Rolle zu spielen, ein Aspekt, mit dem die öffentliche Verwaltung mit ihren Strukturen durchaus punkten kann, auch im Vergleich mit der Privatwirtschaft (vgl. zum Beispiel Germer, 2020, S. 88–89; Fromm, 2022 in: *Handelsblatt*[3]). Hier heißt es allerdings, tatsächlich eine eventuelle Familienfreundlichkeit oder Arbeitszeitreduzierungsmodelle und Gestaltungsmöglichkeiten des Ortes der Arbeitserbringung auch zu leben und nicht nur in Leitbildern zu publizieren (vgl. hierzu auch noch einmal die Vor- und Nachteile von Leitbildern bzw. Herausforderung, diese entsprechend zu implementierten – siehe hierzu Abschn. 2.3).

4.2   Wichtige Instrumente und Praxistipps

Assessment-Center

Früher ein Instrument zur Auswahl der bestgeeigneten Bewerber. Heute ein Darstellungs- und Werbungsinstrument, das im besten Fall auch hoch qualifizierte Bewerber in die eigene Organisation einspeist.[4]

Praxistipp

Assessment-Center sind neben der eigentlichen Anwendung Außenwerbung. Nicht nur das Personal, das eingestellt wird, jeder Kandidat im Verfahren ist potenzieller

---

[2] Fromm (2022): Gutes Gehalt und Homeoffice reichen nicht – Wie Unternehmen bei jungen Bewerbern punkten. In Handelsblatt vom 26.09.2022 unter Bezugnahme auf eine Studie von Academic Work. Im Internet abrufbar unter: https://www.handelsblatt.com/karriere/generation (zuletzt abgerufen am 27.09.2022).

[3] Siehe vorhergehende Fußnote.

[4] Zur Vertiefung der vorgestellten Auswahlinstrumente vgl. bspw. Schreyögg und Koch (2020, S. 646–650 sowie S. 634 ff.) oder Robbins et al. (2014, S. 353 ff.); vgl. auch Germer (2020, S. 85).

Werbeadressat. In diesem Bewusstsein sollte das Verfahren bewusst auch so gestaltet werden, dass die Darstellung der eigenen Organisation als entsprechende Werbung und Markenetablierung zu verstehen ist. Der Konkurrenzdruck auf dem Arbeitsmarkt gegenüber privatwirtschaftlichen Organisationen ist hier für die öffentliche Verwaltung ebenfalls von besonderer Bedeutung. Zum einen ist es erforderlich, sich entsprechend zu präsentieren, um als Arbeitgeber qualifiziertes Personal einstellen zu können auf dem knappen Arbeitsmarkt. Zum anderen bietet die Vielfalt an Möglichkeiten, die in der Privatwirtschaft zur Eigendarstellung genutzt werden, aber auch gute Ansätze und Ideen, die für Organisationen der öffentlichen Verwaltung adaptiert oder als Anlehnung genutzt werden könnten, um wettbewerbsfähig auf dem Recruitingmarkt zu bleiben.

Außentraining (on the Job)

Im Rahmen eines Außeneinsatzes wird Personal in ähnlichen oder neuen Einsatzgebieten als dem bisherigen in der eigenen Organisation in anderen Behörden oder außerhalb der öffentlichen Verwaltung für eine begrenzte Zeit eingesetzt (vgl. Robbins et al., 2014, S. 359; Schreyögg & Koch, 2020, S. 690–691).

Praxistipp

Praktische Erfahrungen von Behörden der öffentlichen Verwaltung zeigen, dass solche Modelle durchaus Erfolg versprechend sein können und ein „Blick über den Tellerrand" der öffentlichen Verwaltung Vorteile für die eigene Organisation mit sich bringen kann. Insbesondere Einsätze in der Privatwirtschaft können hier völlig neue Blickwinkel für Beschäftigte und Organisationen der öffentlichen Verwaltung eröffnen (vgl. Germer, 2020, S. 87).

Beurteilungen

In der öffentlichen Verwaltung gibt es ein starres juristisch stark ausgestaltetes System von Beurteilungswesen, das sich je nach öffentlicher Verwaltung in den Feinheiten unterschiedlich gestalten kann. Beurteilungen fallen meist in dieses Raster, Zeugnisse von Beschäftigten ebenfalls. Unabhängig von dem rechtlich festgelegten Begriff der Beurteilung fällt aber jede Form von Interaktion einer Führungskraft mit Mitarbeitenden auch in das Raster von informellen Beurteilungen. Letzten Endes ist jede Bestätigung oder Kenntnisnahme von Arbeitsergebnissen sowie Kommunikation mit der Möglichkeit von informeller Beurteilung versehen.

Praxistipp

Sowohl die rechtlich verpflichtenden Beurteilungen, die für die formelle Weiter-entwicklung in Organisationen der öffentlichen Verwaltung unerlässlich sind, als auch die informellen Beurteilungsmöglichkeiten sind wichtig. Einzelheiten zu den informellen Aspekten und wie dieser Bereich erfolgreich genutzt werden kann, finden sich unter Abschn. 5.1.2 zum Thema Kommunikation und Motivation.

Beurteilungsgespräche

Es gibt zum einen die formalisierten Beurteilungsgespräche, wie sie rechtlich im Rahmen von Beurteilungen vorgesehen sind (siehe hierzu den Begriff Beurteilungen unter Abschn. 4.2), sowie Gespräche außerhalb dieses starren Regelsystems (siehe hierzu Mitarbeitergespräche unter Abschn. 5.2).

Coaching

Im Rahmen von Coaching werden Außenstehende, nicht mit einer Situation direkt befasste Personen eingebunden, die einen Instrumentenkasten an der Hand haben, um bspw. Führungskräften dabei zu helfen, mit bestimmten beruflichen Situationen ent-sprechend umzugehen. Sie sind somit Experten in der Begleitung von Personen, die All-tagssituationen unterschiedlicher Arten bewältigen möchten (vgl. Robbins et al., 2014, S. 359; Schreyögg & Koch, 2020, S. 690–692 sowie S. 533).

Praxistipp

Coaching kann oftmals dann Sinn machen, wenn Herausforderungen aus neuen Blickwinkeln zu betrachten sind, die mithilfe des eigenen Werkzeugkastens nicht mehr optimal reflektiert oder bearbeitet werden können. Zu beachten ist immer, dass ein Coach niemals eine 1-zu-1-Lösung für Herausforderungen an der Hand haben kann und wird. Es wird stets einen Prozess geben, in dem die Selbstfindung von Lösungen für die Herausforderung im Vordergrund steht. Coaches helfen daher dabei, neue Blickwinkel einzunehmen.

Headhunter

Headhunter suchen für entsprechende Lücken über ihr eigenes Netzwerk Personal oder verfügen bereits über entsprechende Kontakte zu einer Auswahl an qualifiziertem Personal. Headhunter kommen in der öffentlichen Verwaltung zurzeit regelmäßig dort zum Einsatz, wo Spitzenführungskräfte gesucht werden oder es starke personelle Engpässe gibt, wie aktuell in Arbeitsbereichen mit starken digitalen Bezügen (vgl. Schreyögg & Koch, 2020, S. 632; Germer, 2020, S. 85).

Praxistipp

Die erheblichen Kosten, die bei der Hinzuziehung von Headhuntern entstehen, sind zu berücksichtigen gegenüber einem Eigenmarketing vakanter Stellen. Nichtsdestotrotz muss in Betracht gezogen werden, dass insbesondere in den Aufgabenbereichen, in denen Konkurrenz zur Privatwirtschaft besteht, Headhunter regelmäßig bereits Teile des Marktes abdecken.

Soziale Medien und Jobportale spielen eine immer größer werdende Rolle. Die Präsenz in solchen Portalen ist aber nur eine Grundvoraussetzung, die nicht zwingend erforderlich sein muss, da zuvor die Bedingungen der eigenen Organisation als Arbeitgeber zu optimieren sind. Überzeugen sollte daher das Angebot als Arbeitgeber, die Internetpräsenz in sozialen Medien oder Jobportalen sollte dann nur noch die Krönung der Außendarstellung sein.

Externe Stellenausschreibungen
Siehe Stellenanzeigen unter Abschn. 4.2.

Führungskräftebeurteilung
Siehe 360-Grad-Beurteilung unter Abschn. 4.2.

Jobrotation
Das Instrument der Jobrotation bedeutet, dass nach gewissen Zeiträumen (zum Beispiel fünf oder zehn Jahre) verpflichtende Arbeitsplatzwechsel von Personal in der eigenen Organisation vorgesehen werden. In einigen Behörden ein sehr gängiges Modell, um Personal flexibel einsetzbar zu halten und Verständnis für andere Arbeitseinheiten aufzubauen (vgl. Robbins et al., 2014, S. 359; Schreyögg & Koch, 2020, S. 342, S. 458–459, S. 690).

Praxistipp

Jobrotation bedarf stets einer Abwägung, ob generalisiertes Personal oder Spezialistentum zu bevorzugen ist. Eine pauschale Festlegung, welches Modell zu bevorzugen ist, kann nicht getroffen werden, da die Gestaltungsauswahl sehr arbeitsplatzindividuell ausfallen kann. Bei einem geeigneten und gut aufgebautem Wissensmanagement (siehe hierzu unter Abschn. 3.2) kann Jobrotation durchaus leichter umgesetzt werden. Ferner ist aber auch zu berücksichtigen, dass – sofern es keine Erfordernisse gibt, wie Korruptionsgesichtspunkte oder die Mitarbeitenden schützenswerte Aspekte – stets mit mehr Wechsel auch mehr Unruhe in der Organisation bestehen kann, sowohl bei Einzelnen als auch in Gruppenstrukturen. Dies kann Vor- und Nachteile mit sich bringen.

Leistungsorientierte Bezahlung

Die Leistungsorientierte Bezahlung in Form eines monetären Leistungsentgelts ist für alle Tarifbeschäftigten im öffentlichen Dienst per Tarifvertrag geregelt. Die leistungs- und/oder erfolgsorientierte Bezahlung soll dazu beitragen, öffentliche Dienstleistungen zu verbessern. Zugleich sollen Motivation, Eigenverantwortung und Führungskompetenz der Mitarbeitenden gestärkt werden. Alternativ zur Leistungszulage können teilweise alternative Entgeltanreize verwendet werden. Dies können Maßnahmen zur Verbesserung der Arbeitsplatzattraktivität, der Gesundheitsförderung und der Nachhaltigkeit sein (z. B. für Zuschüsse für Fitnessstudios, Fahrkostenzuschüsse für Job-Tickets, Kita-Zuschüsse). Als Methoden der Leistungsfeststellung sehen der Tarifvertrag und auch viele Dienst- vereinbarungen von öffentlichen Verwaltungen die sogenannte systematische Leistungs- bewertung und/oder Zielvereinbarungen (mit individuellen oder kollektiven Zielen) und/ oder Zielvorgaben vor.[5]

Praxistipp

In der Praxis der öffentlichen Verwaltung kommen inzwischen immer häufiger gießkannenartige Ausschüttungen von tariflichen Leistungsentgelten vor. Das System der Ausschüttung unterliegt zwischenzeitlich so vielen Regeln, dass in zahlreichen Organisationen kein nachvollziehbares Verhältnis mehr von Nutzen und Aufwand besteht. Im Zuge empirischer Ergebnisse kam ich zu folgender Erkenntnis: Viele Führungskräfte in der öffentlichen Verwaltung sind der Auf- fassung, dass die über rechtliche Regelungen oder Dienstvereinbarungen stark formalisierten Verfahren mit der Höhe der möglichen Prämien in keinem Verhält- nis stünden. Einige Führungskräfte vertraten die Auffassung, das Verfahren der Leistungsorientierten Bezahlung würde teilweise nur zum Selbstzweck eingesetzt werden, da es tarifrechtlich vorgeschrieben sei (Germer, 2020, S. 209–210, 213– 214).

Zielvereinbarungen, wie sie eigentlich im Sinne der Leistungsorientierten Bezahlung gedacht waren, eignen sich daher besser außerhalb des starren Regel- systems (siehe auch an späterer Stelle zu Zielvereinbarungen unter Abschn. 4.2).

Mentoring

Beim Mentoring werden erfahrene Beschäftigte jüngeren oder in der Organisation noch unerfahreneren Beschäftigten zur Seite gestellt, um beim Wissenstransfer oder Kennen- lernen von Organisationskultur oder informellen Strukturen zu unterstützen (vgl. Robbins et al., 2014, S. 359; Schreyögg & Koch, 2020, S. 692).

---

[5]Vgl. hierzu die Tarifverträge für den öffentlichen Dienst auf Bundes- sowie Länder und kommunaler Ebene.

Praxistipp
Mentoring dient nicht nur dazu, einseitig von Erfahrenen zu Unerfahrenen zu agieren, sondern auch zum Verständnisaufbau. Insbesondere für Aspekte der Personalgewinnung oder -bindung können Erkenntnisse von Mentoren dazu genutzt werden, Verständnis für nachfolgende Arbeitsmarktgenerationen aufzubauen. Dieses Wissen sollte entsprechend genutzt werden.

Mitarbeitergespräche
Siehe Mitarbeitergespräche unter Abschn. 5.2.

Netzwerke/Netzwerkaktivierung zur Personalakquise
Siehe Netzwerke unter Kap. 9.

Prämien/Leistungszuschläge
Teilweise besteht für öffentliche Verwaltungen die Möglichkeit, außerhalb des starren Systems der Leistungsorientierten Bezahlung Prämien an Beschäftigte und insbesondere Beamte auszuschütten.

Praxistipp
Experten bezweifeln die grundlegende Sinnhaftigkeit von Leistungsprämien oder Leistungsorientierter Bezahlung in der öffentlichen Verwaltung in ihrer derzeitigen Ausgestaltung als ein Motivationsinstrument (siehe zur Leistungsorientierten Bezahlung Abschn. 4.2). Motivation sollte daher nicht unbedingt mittels dieser Instrumente hergestellt werden (im Einzelnen siehe zum Thema Motivation Abschn. 5.1.2 sowie Abschn. 5.2).

Stellenanzeigen
In der öffentlichen Verwaltung ein sehr gängiges, aber auch stark reglementiertes Instrument zur Personalakquise.

Praxistipp
Stellenanzeigen müssen in der heutigen Zeit knapper personeller Ressourcen und des Mangels an qualifiziertem Personal am Arbeitsmarkt entsprechend überzeugend wirken. Es handelt sich nicht mehr um ein einseitiges Instrument von

Behörden, die davon ausgehen können, auf jede Anzeige auch Bewerbungen zu bekommen. Vielmehr suchen potenzielle Bewerber sich adäquate Stellenanzeigen mit den für sie ansprechenden Bedingungen heraus.[6]

Viele öffentliche Verwaltungen haben hier großes Potenzial, welches es auszuschöpfen gilt. So können bspw. gut entwickelte Leitbilder – unter der Annahme, dass sie realistisch sind und gelebt werden – ein Werbefaktor sein, entsprechend hervorzustechen mit der eigenen Stellenanzeige (siehe zu Leitbildern unter Abschn. 2.2). Auch weitere Aspekte, wie Anpassungen an den Arbeitsmarkt und die Erfordernisse, was Mitarbeitenden tatsächlich wichtig scheint, können helfen, sich auf potenzielle Bewerber besser einzustellen (so helfen bspw. Umfragen in der eigenen Organisation, welche Qualitäten bereits bestehen oder entwickelt werden könnten und Personal zu akquirieren und bestenfalls auszubilden). So bieten auch neue Arbeitsweisen der digitalen Arbeitswelt oder Homeoffice-Möglichkeiten moderne Ansätze, die als Ausgangsbasis zur Entwicklung innovativer Ideen zur Personalakquise und -bindung stehen können (vgl. Germer, 2020, S. 85).

Zeugnisse
Siehe hierzu Beurteilungen unter Abschn. 4.2.

Zielvereinbarungen
Siehe hierzu Zielvereinbarungen unter Abschn. 5.2.

360-Grad-Beurteilung
Eine 360-Grad-Beurteilung meint ein Feedback für Führungskräfte auf mehreren Ebenen. Dazu gehören die Perspektiven verschiedener Feedbackgeber wie Vorgesetzte, unterstellte Mitarbeitende und Führungskräfte gleicher hierarchischer Ebenen sowie Selbsteinschätzungen (vgl. Scherm & Sarges, 2019, S. 1 ff.; Robbins et al., 2014, S. 360–361; vgl. auch Germer, 2020, S. 86).

---

[6]Vgl. zum Beispiel Germer (2021, S. 138); Germer (2020, S. 85); von der Oelsnitz et al. (2007); vgl. auch Geißler (2018, S. 29 ff.); Nelke (2018, S. 24 ff.); Nelke und Steffen (2019, S. 24); Zum Fachkräftemangel und Erfordernis von Personaleinstellungen auf unterschiedlichen Wegen vgl. zum Beispiel auch Bundesministerium des Innern und für Heimat im Internet (2022): https://www.bmi.bund.de/SharedDocs/faqs/DE/themen/migration/fachkraefteeinwanderung/faqs-fachkraefteeinwanderungsgesetz.html (zuletzt abgerufen am 28.07.2022).

Praxistipp
Das Verfahren ist zwar relativ aufwendig, bringt aber unterschiedliche Vorteile mit sich. So haben zum Beispiel auch Mitarbeitende das Gefühl – sofern das Instrument entsprechend gelebt wird –, ihre Meinung einzubringen. Die Führungskräfte bekommen ein direktes Feedback auf ihr Führungshandeln. Beachtung ist bei einem solchen Instrument der relativ freien Rundum-Beurteilung, natürlich immer auch den Einflüssen gewisser informeller Aspekte zu schenken. So kann es unter anderem sein, dass Beurteilende teilweise nicht neutral eingestellt sein könnten. Dies herauszufiltern bedarf Kenntnisse der Organisationskultur (siehe Abschn. 3.1.4) und der informellen Strukturen (Abschn. 3.1.3) sowie einer guten Einschätzung der Situation.

4.3 Lessons Learned

In diesem Kapitel zum Personaleinsatz wurde dargestellt, wie wichtig es ist, qualitativ gutes Personal einzustellen und in der Organisation bzw. Organisationseinheit zu halten. Mit dem richtigen Personalbestand wird die Aufgabenerledigung für Führungskräfte erheblich erleichtert. Fragen der Personalbeurteilung und -entwicklung sowie Entlohnung und Motivation spielen hierbei ebenfalls eine bedeutsame Rolle.

Wichtige Kernbotschaften in diesem Handlungsfeld des Personaleinsatzes von Führungskräften sind die folgenden:

- Erfolgreiches Führen wird durch den Einsatz von qualitativ gutem Personal in den passenden Aufgabenbereichen deutlich leichter möglich.
- Qualitativ gutes Personal identifiziert sich durch Fähigkeiten, Talente oder Kompetenzen.
- Führungskräfte sollten ihren Erfolg neben der Zielerreichung daran messen, wie erfolgreich ihr Personal in ihrer Organisationseinheit arbeitet.
- Zur Personalakquise bieten sich interne und externe Bewerbermärkte an, beide Bereiche bringen unterschiedliche Vor- und Nachteile sich.
- Personalentwicklung ist in Zeiten von Personalmangel ein wichtiges Instrument.
- Personalbeurteilung findet nicht nur formell statt, sondern auch informell. Dieser informelle Bereich hat stark motivierende oder demotivierende Auswirkungen auf Mitarbeitende. Eine entsprechende Gewichtung ist daher auf diese Form der Personalbeurteilung und Personalfeedback zu legen.
- Gleichfalls gilt, dass der extrinsische Motivationsfaktor Geld zwar von Bedeutung ist – vor allem, da Konkurrenz aus der Privatwirtschaft für gutes Personal stets deutlich bessere finanzielle Bedingungen schaffen kann –, aber es weitere Motivations-

faktoren, vor allem intrinsischer Natur gibt, die für Führungskräfte von Bedeutung sind.

- Lob und eine verständnisvolle Fehlerkultur sind daher für Mitarbeitende von erheblicher Bedeutung.

Literatur

Bundeslaufbahnverordnung.   https://www.bgbl.de/xaver/bgbl/start.xav?start=%2F%2F*%5B%40 attr_id%3D%27bgbl109s0284.pdf%27%5D#__bgbl__%2F%2F*%5B%40attr_ id%3D%27bgbl109s0284.pdf%27%5D__1556309238330. Zugegriffen: 16. Juni 2022.

Bundesministerium des Innern und für Heimat im Internet. (2022). https://www.bmi. bund.de/SharedDocs/faqs/DE/themen/migration/fachkraefteeinwanderung/faqs-fachkraefteeinwanderungsgesetz.html. Zugegriffen: 28. Juli 2022.

Bundesrechnungshof. (2014). *Gutachten zum Verfahren der internen und externen Personalauswahl in der Bundesverwaltung. Empfehlung des Präsidenten des Bundesrechnungshofes als Bundesbeauftragter für Wirtschaftlichkeit in der Verwaltung, Schriftenreihe des Bundesbeauftragten für Wirtschaftlichkeit in der Verwaltung*, (Bd. 19).

Fromm, M. (2022). Gutes Gehalt und Homeoffice reichen nicht – Wie Unternehmen bei jungen Bewerbern punkten. In: Handelsblatt vom 26.09.2022 unter Bezugnahme auf eine Studie von Academic Work. https://www.handelsblatt.com/karriere/generation. Zugegriffen: 27. Sept. 2022.

Geißler, R. (2018). Die Altersstruktur des öffentlichen Dienstes als Herausforderung der Personalarbeit. *Der öffentliche Dienst. Personalmanagement und Recht. 71*,(2), 29–34.

Germer, K. T. (2021). *Erfolgreiches Verwaltungsmanagement: Grundlagen für Führungskräfte in der öffentlichen Verwaltung*. Springer Gabler.

Germer, K. T. (2020). *Management in der öffentlichen Verwaltung – Eine empirische Analyse auf Leitungsbasis*. Tectum.

Haubrock, A., & Öhlschlegel-Haubrock, S. (2009). *Personalmanagement* (2. Aufl.). Kohlhammer.

Hellmann, G., & Hollmann, J. (2017). *Führungskompetenz in der öffentlichen Verwaltung: Motivation, Teamanleitung und Bürgerbeteiligung*. Springer Gabler.

Markus, H., & Meuche, T. (2022). *Auf dem Weg zur digitalen Verwaltung. Ein ganzheitliches Konzept für eine gelingende Digitalisierung in der öffentlichen Verwaltung*. In: Edition Innovative Verwaltung. Springer Gabler.

Nelke, A. (2018). Öffentlichen Dienst als Arbeitgebermarke etablieren. *Innovative Verwaltung, 3*, 24–26.

Nelke, A., & Steffen, A. (2019). Wandel, Werte und Kultur. *Innovative Verwaltung, 3*, 24–26.

Oechsler, W. A. (2004). Personal als Managementfunktion. In G. Schreyögg & A. v. Werder (Hrsg.), *Handwörterbuch Unternehmensführung und Organisation* (4. Aufl., Sp. 1123–1133). Schäffer-Poeschel.

von der Oelsnitz, D., Stein, V., & Hahmann, M. (2007). *Der Talente-Krieg: Personalstrategie und Bildung im globalen Kampf um Hochqualifizierte*. Haupt.

Robbins, S. P., Coulter, M., & Fischer, I. (2014). *Management. Grundlagen der Unternehmensführung* (12. Aufl.). Pearson Studium.

Scherm, E., & Süß, S. (2001). *Internationales Management: Eine funktionale Perspektive*. Vahlen.

Scherm, M., & Sarges, W. (2019). *360-Grad-Feedback* (2. Aufl.). Hogrefe.

Schreyögg, G., & Koch, J. (2020). *Management. Grundlagen der Unternehmensführung. Konzepte – Funktionen – Fallstudien* (8. Aufl.). Springer Gabler.

Schreyögg, G., & Geiger, D. (2016). *Organisation: Grundlagen moderner Organisationsgestaltung. Mit Fallstudien* (6. Aufl.). Springer Gabler.

Schubert, D. A. (2022). *Führung im öffentlichen Dienst: Konzepte und Instrumente für Führungskräfte im öffentlichen Sektor – Worauf es in der Praxis ankommt.* In: Edition Innovative Verwaltung. Springer Gabler.

Steinmann, H., Schreyögg, G., & Koch, J. (2013). *Management. Grundlagen der Unternehmensführung. Konzepte – Funktionen – Fallstudien* (7. Aufl.). Springer Gabler.

Tarifvertrag für den öffentlichen Dienst (TVöD). https://www.bmi.bund.de/DE/themen/oeffentlicher-dienst/tvoed/arbeitsvertragsmuster/arbeitsvertragsmuster-node.html. Zugegriffen: 16. Juni 2022.

Führung – Vorbild, Motivation, Zielvermittlung und Zielerreichung

5

Zusammenfassung

In diesem Kapitel wird das Thema Personalführung genauer betrachtet. Dabei wird veranschaulicht, wie die Ausprägungen einer Führungskraft-Geführten-Konstellation genauer aussehen können. Neben Erläuterungen, worum es sich bei Personalführung genau handelt und wie sie erfolgreich gestaltet werden kann, wird auch auf die Themen der Vorbildfunktion einer Führungskraft sowie erfolgreiche Zielvermittlung, Motivation, gute Kommunikation und aktivierendes Führungsverhalten eingegangen. Abschließend werden einige wichtige Instrumente der Personalführung dargestellt, die zu erfolgreicher Führung beitragen können, und mit praktischen Tipps ergänzt.

5.1 Erfolgreiche Personalführung – Das magische Kapitel

5.1.1 Organisatorische Lücken durch Personalführung füllen

Dieses Kapitel trägt den Namen magisch, weil die Vielzahl an Veröffentlichungen zu dem Thema gute oder erfolgreiche Personal- bzw. Mitarbeiterführung schier ins Unermessliche geht. Wer einen Ratgeber zur erfolgreichen Führung sucht, kann sich von der Masse an Suchergebnissen oder dem Angebot in Buchhandlungen bzw. Bibliotheken im Handumdrehen erschlagen lassen. Ergebnis nach einer Recherche in unzähligen Werken und einer Vielzahl an Gesprächen mit Führungskräften aller Hierarchieebenen in der öffentlichen Verwaltung sowie in der Privatwirtschaft ist, dass es keinen Ratgeber gibt, der die perfekte Führungsmethode empfehlen kann. Auch dieses Kapitel im vorliegenden Buch wird nicht diese Wünsche erfüllen und die eine bestmögliche Form von Führung herausarbeiten. Vielmehr wird hier eine Systematisierung von Personalführungsaufgaben

K. T. Germer, *Praxisleitfaden für Führungskräfte im öffentlichen Dienst,*
https://doi.org/10.1007/978-3-662-66679-1_5

geboten, mit der jede Führungskraft ihren eigenen authentischen Führungsstil finden kann, der vielversprechend ist und in der Regel zu Erfolg führen kann.

Auf der Suche nach der Frage, wie Führung genau zu definieren ist, findet man in der Literatur eine unermessliche Zahl an Versuchen, um eine allgemeingültige Beschreibung zu finden. Bereits der Begriff des Managements, welcher den Kanon an Aufgaben umfasst, den Führungskräfte in ihrem Arbeitsalltag zu erbringen haben und wie es auch in diesem Buch beschrieben wird, wird oftmals mit dem Begriff der Führung gleichgesetzt. So gibt es im Managementkontext bspw. den Begriff der Unternehmens- bzw. Organisationsführung. Dies soll sich auf eine sachbezogene Ebene von Management beziehen, die Führungs-, Leitungs- und Verwaltungsaufgaben von Organisationen beinhaltet und darunter Themen wie Gestaltung, Lenkung und Entwicklung von Prozessen innerhalb der Organisation fasst. Im Vordergrund steht die Steuerung der gesamten Organisation. Dies wird gelegentlich auch als Business Administration bezeichnet. Die Schnittmenge zu den vorhergehenden Kapiteln dieses Buches wird hieran bereits deutlich.[1] Führung von Personal ist aber eben, wie dieses Buch lehrt, ein Teilbereich von den gesamten Managementtätigkeiten einer Führungskraft.[2]

Ganz vereinfacht gesagt wird hier erst einmal die Feststellung getroffen, dass es um das Führen von Mitarbeitenden durch Führungskräfte innerhalb einer öffentlichen Verwaltungsorganisation geht (vgl. auch Staehle et al., 1999, S. 72; von der Oelsnitz, 2009, S. 7; Vahs, 2015, S. 19; Germer, 2020, S. 44).

Das Zielfeld von Führungsaufgaben ist damit etwas eindeutiger definiert. Es fokussiert nicht auf die gesamte Organisation in erster Linie, sondern auf die hierarchisch unterstellten Mitarbeitenden von Führungskräften. Nachdem als Wirkungsbereich die Beschäftigten identifiziert sind, schließt sich die Frage an, worum es im Einzelnen bei Führungsaufgaben geht. Hierzu bietet die folgende praxistaugliche Definition eine gute Hilfestellung.

▶ **Definition Personalführung** Führung heißt, andere durch eigenes, sozial akzeptiertes Verhalten so zu lenken, dass dies bei den Beeinflussten mittelbar oder unmittelbar ein intendiertes Verhalten bewirkt, das einen Beitrag zu den Organisations- bzw. Führungszielen leisten kann (nach Weibler, 2012, S. 103; Germer, 2020, S. 89).

---

[1]Vgl. Germer (2020, S. 43–46); Weibler (2004, Sp. 294–296); Weibler (2012, S. 9); Schmidt (2009, S. 139); Staehle et al. (1999, S. 72); Macharzina und Wolf (2008, S. 40); Vahs (2015, S. 18–19); Robbins et al. (2013, S. 242 ff.); Robbins und Coulter (2018, S. 554 ff.); Bass (1990, S. 385 und S. 414); Bennis und Goldsmith (2010, S. 30 ff.); Rybnikova und Lang (2021, S. 1 ff.).

[2]Nichtsdestotrotz kann sich Führung je nach Definition auf vielzählige weitere Bereiche beziehen. Vgl. hierzu bspw. Germer (2020, S. 43); Staehle et al. (1999, S. 72); Scherm und Süß (2001, S. 12–13); Pietsch (2003, S. 19).

Die Frage, warum ein solches Lenken von Beschäftigten erforderlich ist, erschließt sich bei einem genaueren Blick auf die Kapitel zur Planung und Organisation (siehe Kap. 2 und 3). Die vorgegebenen Strukturen lassen teilweise Lücken entstehen, die auf dem Weg zur Zielerreichung hin gefüllt werden müssen. Dies kann durch Eingreifen oder Nicht-Eingreifen geschehen, beides im Übrigen Formen von Führung.

Der Hintergrund eines Erfordernisses zur Führung liegt darin begründet, dass die gestalteten organisatorischen Rahmenbedingungen mit ihren unpersönlichen und abstrakten Regeln und Vorkehrungen nicht in allen Eventualitäten zielorientiert wirken können. In diesen Fällen obliegt der Personalführung die Aufgabe, das Verhalten von Beschäftigten so zu lenken, dass die Zielerfüllung weiterhin fokussiert werden kann (vgl. Schreyögg & Geiger, 2016, S. 125 ff.; Weibler, 2004, Sp. 295; Germer, 2020, S. 89–90).

5.1.2 Kommunikation, Motivation, Aktivierung

Eine solche Lückenkompensation, wie im vorgehenden Abschn. 5.1.1 beschrieben, ist ein bedeutsames Element von Führungsaufgaben. Von der oben angeführten Definition nicht direkt, sondern vielmehr indirekt erfasst sind weitere bedeutsame Elemente der Personalführung. Ein weiterer wichtiger Aspekt ist es, eine aktivierende Wirkung auf Beschäftigte zu erzeugen (vgl. Germer, 2021, S. 143 sowie Germer, 2020, S. 90 unter Bezugnahme auf Weibler, 2004, Sp. 295). Wie unter Abschn. 3.1.3 festgestellt wurde, haben alle Organisationsmitglieder und mithin vor allem auch die Beschäftigten eigene Ziele und Interessen sowie eigene Vorstellungen von Zielerreichungen innerhalb der Organisation, gegebenenfalls gepaart mit gänzlich eigenen Interessen. Ferner kommt eine Vielzahl an unterschiedlichen Bedürfnissen zusammen. Dieser deutlich schwieriger bzw. teilweise gar nicht lenkbare Bereich hat ebenfalls enorme Bedeutung für die Organisationszielerreichung und ist daher wesentlich für Führungskräfte zu berück-sichtigen (vgl. Germer, 2020, S. 90; Schreyögg & Koch, 2020, S. 419, 473 ff. und 558; Robbins et al., 2014, S. 377 ff. und 405 ff.). Durch Kommunikation oder Motivation können Beschäftigte für die Zielerreichung, Visionen und Ideen der Organisation und der verantwortlichen Führungskraft begeistert werden. Die Vermittlung von Zielen sowie Motivation spielen daher eine erhebliche Rolle bei der Ausgestaltung von Führung (vgl. Steinmann et al., 2013, S. 419 ff. sowie S. 547; Germer, 2020, S. 90–91).[3].

---

[3] Ergänzend vgl. z. B. eine Studie der Hay Group zur Arbeitsmotivation. unter: 4managers.de/fileadmin/_migrated/content_uploads/20120222_Ergebnisbericht_Umfrage_Arbeitsmotivation.pdf (abgerufen am 14.07.2020).

Oder die Studie der BEIGROUP GmbH Business Education International: Unternehmer-befragung 2015: Mitarbeitermotivation – Märchen oder Wirklichkeit. Im Internet unter http://www.bei-training.com/files/documents/Mitarbeitermotivation-studie-2014-2015-befragung-bei-training-zum-PeopleSkillsDay2015.pdf (abgerufen am 28.02.2021).

Kommunikation ist ein mächtiges Werkzeug, um Beschäftigte in die Organisation einzubinden und durch aktivierendes positives Verhalten eine Ausrichtung auf die Zielerfüllung zu erreichen oder zu verbessern. Da heutzutage in der Regel überall Teams
von Beschäftigten in Organisationseinheiten vorzufinden sind, kann es darüber hinaus
auch unter den Mitarbeitenden zu Konflikten kommen, die durch Kommunikation zu
lösen sind (vgl. Germer, 2020, S. 90).[4] Führung ist daher ein wesentliches Steuerungs-
instrument, um mittels Zielvermittlung, Motivation, Kommunikation alle Beschäftigten
auf die Zielerreichung hin zu aktivieren. Durch gute Führung werden die Mitarbeitenden
mit positiver Energie ausgestattet, gewissermaßen wie ein Schmiermittel, das durch
die Treibfeder Führungskraft erzeugt wird, um die Organisationsziele erfolgreicher zu
erreichen (vgl. Germer, 2020, S. 91).[5]

Im Rahmen von aktivierenden, motivierenden und kommunikativen Elementen der
Personalführung ist stets zu beachten, dass Führungskräfte mehr bewirken können,
wenn das Bild, welches die Mitarbeitenden von ihnen wahrnehmen und transportieren,
einen Vorbildcharakter entfacht. Auf vorbildliches Agieren als Führungskraft sollte
daher, so oft wie es denn möglich ist, geachtet werden, um die gewünschten Wirkungen
zu erzeugen. Im Übrigen ist jedem sicherlich aus persönlicher Erfahrung bewusst, wie
wichtig es ist und wie motivierend es sich bei einem angenehmen Klima zwischen
Führungskraft und Mitarbeitenden sowie mit und innerhalb von Teams arbeiten lässt.

Ein wichtiger Aspekt, der noch zu benennen ist im Kontext der Personalführung,
hat damit zu tun, dass Führung immer zwischen Führungskraft und Beschäftigten statt-
findet (auch im Falle eines gefühlten Nicht-Eingreifens von Führungskräften, wie oben
erwähnt, ist auch dies eine Form des Führens). Zu beachten ist, dass umgekehrt auch
aus Sicht der Geführten stets eine Wirkung auf die Führungskraft erzeugt wird. Führung
beruht daher auf Gegenseitigkeit in gewisser Hinsicht.

Im Gegensatz zu früheren Arbeitsweisen bspw. vor und noch in Zeiten der
Industrialisierung, wo einseitig zum Beispiel am Fließband Leitungspersonal mehr
oder weniger militärisch oder patriarchalisch mittels Befehl und Ausführung für die
Erreichung der Organisationsziele gesorgt hatte, liegt der Fokus bei der heutigen
Führung auf einem gegenseitigen Verhältnis, um die in diesem Abschnitt genannten
Aspekte wie aktivierendes und motivierendes Verhalten bestmöglich zu erreichen.
Wichtig ist daher, dass Führung insbesondere von denjenigen, die geführt werden, sowie
gegebenenfalls weiteren Beobachtern innerhalb der Organisation anerkannt und erlebt
wird (vgl. Weibler, 2004, Sp. 296). Diese zweiseitige Beziehung zeigt, wie wichtig

---

[4] Zur Kommunikation vgl. Robbins et al. (2014, S. 446 ff.).

[5] Zur Vertiefung der Frage, was unter Motivation zu verstehen ist, vgl. z. B. Hellmann und
Hollmann (2017, S. 20 ff.); Robbins et al. (2014, S. 475).
    Einen Überblick über Motivationstheorien der Wissenschaftsgeschichte und -gegenwart geben
bspw. Robbins et al. (2014, S. 475 ff.). Vgl. auch Staehle et al. (1999, S. 218 ff. sowie S. 817 ff.).

Akzeptanz der Führungskraft durch die Mitarbeitenden ist (vgl. Weibler, 2012, S. 584 ff. und 595 ff.; vgl. auch Germer, 2020, S. 91).

Führung dient daher neben dem lückenfüllenden Aspekt dazu, den Mitarbeiter auch aktiv auszurichten auf die Organisationsziele und optimalerweise die Bereitschaft zu selbstständigen Beiträgen deutlich zu erhöhen oder zu unterstützen. Kommunikative und motivierende Elemente sind daher in die Führung ebenso einzubinden wie die transparente Darstellung der Zielerreichung und die Auswirkungen des eigenen Vorbildes. Mit diesen Erkenntnissen stellt sich die Frage nach dem Wie. Hierzu werden die im folgenden Kapitel angeführten Instrumente üblicherweise eingesetzt (Abschn. 5.2). So werden die Herausforderungen des zuletzt in der öffentlichen Verwaltung zunehmend wichtiger werdenden Aspektes einer Führung von Mitarbeitenden im Homeoffice bspw. unter dem Instrument Besprechungen (Abschn. 5.2) erläutert. Ein wichtiges Element wie die Wahl des richtigen Führungsstiles zur richtigen Zeit wird ebenfalls unter den Instrumenten mit besprochen. Vorweggegriffen sei aber nochmals erwähnt, dass es den einen Weg des erfolgreichen Führens nicht gibt. Eingangs wurde bereits erläutert, dass bei der Wahl der Instrumente auf die Aspekte dieses Kapitels besonders zu achten sei. Mit der Wahl eines authentischen Führungsstils, der zur Führungskraft, zur Führungssituation und zu den Geführten passt, lässt sich meines Erachtens der größtmögliche Erfolg erzielen (vgl. auch Germer, 2021, S. 144, 2020, S. 91–92; Weibler, 2004, Sp. 304, vgl. auch Schreyögg & Koch, 2020, S. 433).[6]

Zu betonen ist, dass auch die Mehrzahl der Geführten Authentizität spüren und entsprechend würdigen wird, sofern die Führung auch als wertschätzend seitens der Geführten wahrgenommen wird. Bevor im folgenden Abschnitt eine Instrumentenauswahl besprochen wird, soll daher erneut betont werden, dass Führungskräfte ohne Geführte in der Regel keine Führungskräfte sind. Das größte Potenzial einer Führungskraft ist es daher, schlagfertige Teams im eigenen Rücken zu haben, um größtmöglichen Führungserfolg zu erzielen.

5.2 Wichtige Instrumente und Praxistipps

Besprechungen
Besprechungen sind Möglichkeiten für Führungskräfte, auf formeller oder informeller Basis mit einem Kreis von Beschäftigten oder anderen Führungskräften zu allen Aufgabenerledigungen oder sonstigen Anlässen zu kommunizieren. Es handelt sich um ein

---

[6]Zum Begriff der authentischen Führung, der in diesem Buch einer vorwiegend selbst entwickelten Begriffsbestimmung unterliegt, können in unterschiedlichen Veröffentlichungen weitere verschiedene Definitionsmöglichkeiten vertieft werden. Vgl. hierzu z. B. Wesche und Fleig (2016, S. 3–14) oder Niggemeier (2020, S. 107–110).

wichtiges Instrument der Führung und ein essenzielles organisatorisches Koordinations-instrument (Abschn. 3.1.2).

Praxistipp

Ein angemessenes Maß an Häufigkeit von Besprechungen zu finden, ist äußerst schwierig, da die Erfordernisse von Mitarbeitenden hier äußerst unterschied-lich angelegt sind. Manche Beschäftigte haben stärkere Bedürfnisse, sich auszu-tauschen, andere weniger. Hier ist es an der Führungskraft, entsprechend einen Mittelweg zu finden, der allen Beschäftigten recht ist und angemessen auf die Zielorientierung ausgerichtet ist. Als Maßgabe für erfolgreiche Besprechungen gilt dennoch stets, nur das zu transportieren, was tatsächlich an Informationen wichtig ist. Unnötige Verlängerungen sollten unter Effizienzgesichtspunkten ver-mieden werden, und Versuche, Besprechungen zur Kommunikationsaufbesserung zu verwenden, funktionieren in der Regel nicht. Informelle Strukturen werden stets stark genug sein, solche Missstände aufzudecken. Ein authentisches Führungsver-halten ist daher insbesondere für Besprechungen zu empfehlen. Zur Lösung von Kommunikationsstörungen sollten darüber hinaus andere Wege gewählt werden.

Das bewusste Vorausplanen von Besprechungszeitfenstern kann dazu beitragen, Effizienz und Planbarkeit für alle Beteiligten sicherzustellen. Methoden wie das sogenannte Timeboxing (bewusstes Setzen von Zeitfenstern, Strukturierungsvor-gaben zur Besprechung), wie es zurzeit im Rahmen von Scrum-Management oder agilen Arbeitsweisen Verwendung findet, können dabei helfen, eine bessere Zeit-planung zu entwickeln (vgl. z. B. Hill, 2019, S. 978).[7]

Zunehmend in der öffentlichen Verwaltung von Bedeutung sind Besprechungen aus dem Homeoffice, die nicht mehr in Vor-Ort-Präsenz, sondern aus dem Homeoffice als Videokonferenz durchgeführt werden. Dies bringt neue Heraus-forderungen und Vorteile mit sich, die auch in der öffentlichen Verwaltung zu beachten und zu berücksichtigen sind. So können gut strukturierte Besprechungen, die nicht in Vor-Ort-Anwesenheit stattfinden, äußerst effizient, zeitsparend, flexibel und gelegentlich auch schneller als Präsenzbesprechungen sein. Zur grundsätz-lichen Frage, wie viel Präsenz notwendig oder sinnvoll erscheint, gibt es bereits erste Diskussionen. Erfahrungswerte hierzu sind abzuwarten. Sicherlich erscheint es sinnvoll, zumindest hin und wieder Präsenz vorzusehen, um Teambuilding und besseren Zusammenhalt zu stärken (zu den Diskussionen in diesem Themen-komplex vgl. bspw. Lange, 2021, S. 29; Eckert, 2021, S. 12; Gelep et al., 2021, S. 17–18).

---

[7] Zum Thema Scrum oder agile Arbeitsweisen in der öffentlichen Verwaltung vgl. bspw. Markus und Meuche (2022, S. 155–157) oder Richenhagen und Dick (2022, S. 7–8).

Führungsstil

Führungsstile beschreiben die Ausprägung der Führungskraft hinsichtlich ihres Führungsverhaltens.[8]

> **Praxistipp**
> Zahlreiche Veröffentlichungen halten Ideen zur erfolgreichen Gestaltung von Führungsstilen bereit. Auch die Zahl an unterschiedlichen Führungsstilen wuchs über die Jahre weiter und weiter. Letzten Endes helfen die meisten Beschreibungen von Führungsstilen aber nur dabei, die Ausprägungen zu finden, die dem eigenen Führungsstil am nächsten kommen. Diese Beschreibungen können daher dabei helfen, eine gewisse Selbstreflexion aufzubauen, aber insbesondere auch das Feedback von eigenen Vorgesetzten, anderen Führungskräften und vor allem Beschäftigten spielt eine große Rolle, sich selber zu erkennen und Verbesserungspotenzial im eigenen authentischen Führungsstil auszuloten. Im Zuge neuer Arbeitsweisen im Rahmen von New Work oder Agilität, die mehr in Richtung Selbstorganisation gehen (siehe Abschn. 3.1.2), ist dies auch insbesondere in der öffentlichen Verwaltung von zunehmender Bedeutung. Warum daher ein authentischer Führungsstil für Führungskräfte zu finden ist, wird unter Abschn. 5.1 erklärt.

Mitarbeitergespräche

Unter Mitarbeitergesprächen im formellen Sinn werden alle Gespräche zwischen Vorgesetzten und ihren Mitarbeitenden verstanden, die über die routinemäßige Alltagskommunikation hinausgehen. Mitarbeitergespräche können zu regelmäßigen und geplanten Terminen als Beurteilungs- oder Entwicklungsgespräche oder zum Beispiel als Feedbackgespräche anlassbezogen geführt werden. Mitarbeitergespräche werden in der Regel vom direkten Vorgesetzten geführt. Nur in Ausnahmefällen wird diese Aufgabe vom nächsthöheren Vorgesetzten oder von Mitarbeitern aus Personalabteilungen wahrgenommen. Institutionalisierte Mitarbeitergespräche sollten in einem regelmäßigen Turnus stattfinden. Inhalte dieser regelmäßigen Mitarbeitergespräche sind unter

---

[8] Sehr umfassend zu einer Vielzahl an möglichen Formen der Führung beschreiben Rybnikova und Lang zahlreiche Ansätze (2021, S. 1 ff.).

Zur Vertiefung der Führungstheorien vgl. zum Beispiel Weibler (2004, Sp. 299 ff.); Schreyögg und Koch (2020, S. 523 ff.); Robbins et al. (2014, S. 511 ff.), vgl. auch Germer (2020, S. 92).

Ein aktuelles Beispiel zur Sicht auf die die öffentliche Verwaltung findet sich bei Schubert (2022, S. 85–86).

Zum Thema Scrum vgl. z. B. Fischbach (2018, S. 65 ff.); vgl. insbesondere Schwaber und Sutherland (2020).

anderem: Personalentwicklungsmaßnahmen, Karrierechancen und -planung, Leistungs-beurteilung, Feedback/Aufgreifen von Ideen und Kritik, Zielvereinbarungsgespräche (vgl. Mentzel et al., 2022, S. 17).[9]

> **Praxistipp**
> Für die Durchführung von Mitarbeitergesprächen gibt es zwar außerhalb von Beurteilungen keine rechtlichen Vorgaben oder tarifrechtliche Regeln. Ziel-führende und effektive Mitarbeitergespräche bedürfen aber immer einer gründ-lichen Vorbereitung und Einhaltung einiger Grundregeln. So sollte der Termin für das Mitarbeitergespräch frühzeitig gemeinsam abgestimmt werden. Nur so haben alle Beteiligten die Möglichkeit, sich ausreichend auf das Gespräch vorzubereiten. Checklisten, Leitfäden oder auch Bögen zur (Selbst-)Evaluation sind eine gute Strukturhilfe und helfen dabei, die Orientierung zu bewahren. Die ungefähre Dauer und Inhalt des Gesprächs sollten vorab klar definiert und kommuniziert werden. Dadurch wird sichergestellt, dass während des Gesprächs nicht abgeschweift werden kann. Zeithorizont für Mitarbeitergespräche sollte maximal eine Stunde sein, in Ausnahmefällen etwas länger. Eine möglichst angenehme Atmosphäre ist wichtig für ein erfolgreiches Mitarbeitergespräch. Deswegen sollte im Vorfeld geklärt werden, wo das Gespräch ohne Störungen stattfinden kann (vgl. Mentzel et al., 2022, S. 17 ff.).

Management by Objectives
Siehe die Erläuterungen zu Zielvereinbarungen unten ebenfalls unter Abschn. 5.2.

Objectives and Key Results – OKR
Aufbauend auf dem Konzept des Management by Objectives und Zielvereinbarungen wurde in den 1970er-Jahre erstmals das Konzept Objectives and Key Results (OKR) in der freien Wirtschaft angewandt. OKR verbindet Zielvereinbarungen mit den sogenannten SMART-Kriterien (siehe hierzu die Erläuterungen unter Zielverein-barungen ebenfalls in diesem Kapitel unter Abschn. 5.2) und einer aufgrund der sich beschleunigt anpassenden Arbeitsumwelt erforderlichen regelmäßigen Aktualisierung der Zielerreichungskontrolle und entsprechenden Ausrichtung. Dabei sollen Objectives einen qualitativ formulierten, motivierenden Zustand beschreiben, wohingegen Key Results direkt durch Beschäftigte beeinflussbare Elemente sein sollen. Ein regelmäßiger Abgleich beider Bereiche soll das Zusammenwirken optimieren und einen gegen-stromartigen Feedback- und Lernprozess anstoßen. Strategische Vorgaben treffen hier-

---

[9]Weiterführend zu Mitarbeitergesprächen vgl. zum Beispiel Neuberger (2015, S. 1 ff.) oder Alter (2015, S. 3 ff.).

mit auf operative Umsetzung, der kontinuierliche Abgleich zwischen beiden Bereichen in bestimmten Abständen sorgt für eine bessere Abstimmung und Zielausrichtung, effizienteren Ressourceneinsatz, mehr Transparenz sowie verbesserte Kommunikation. Da es sich um ein Instrument handelt, das dabei helfen soll, spontane Anpassungen an sich verändernde Gegebenheiten schnell und effizient zu ermöglichen, wird es heutzutage oftmals im Rahmen der Ausrichtung agiler Arbeitsweisen erwähnt (vgl. Ematinger & Schulze, 2020, S. 3 ff.; vgl. auch Hill, 2019, S. 977–978).

> **Praxistipp**
> OKR tritt als ein recht aufwendiges System in Erscheinung. Die Erfahrungen in der öffentlichen Verwaltung mit diesem Instrument sind bisher noch recht eingeschränkt. Erfolgreiches Change-Management und Akzeptanzerreichung in öffentlichen Verwaltungsorganisationen spielen daher eine erhebliche Rolle bei der Einführung dieses Systems.

Zielvereinbarungen

Im Rahmen eines Dialoges werden Ziele für einen bestimmten Zeitraum zwischen Führungskraft und Mitarbeitenden ausgehandelt und in der Regel schriftlich fixiert. Die Vereinbarung soll den Mitarbeitenden Gestaltungsraum bei der Zielerreichung bieten und Führungskraft und Mitarbeitenden hinsichtlich der Zielgestaltung Klarheit verschaffen, wann ein Ziel erreicht ist (vgl. Watzka, 2017, S. 15–16).

> **Praxistipp**
> Zielvereinbarungen losgelöst von starren Regelungssystemen wie Leistungsorientierter Bezahlung oder Leistungsprämien können ein mächtiges Instrument sein für die Mitarbeiterführung. Sofern am Ende des Prozesses ein gemeinsam vereinbartes Ziel steht und die Mitarbeitenden einen Delegationsraum erleben, spiegelt sich dieses Verantwortungsbewusstsein in der Regel auch in der Motivation wider. Dennoch können Führungskräfte über Zwischengespräche aufgrund der optimalerweise vorzufindenden Zielklarheit regelmäßig sicherstellen, dass die Zielerreichung auf einem guten Kurs ist. Für die öffentliche Verwaltung ist insbesondere zu beachten, dass es viele Ziele gibt, die eben gerade nicht einfach als klar definiert werden können (siehe hierzu Abschn. 2.1.2). Dies ist daher besonders zu berücksichtigen, es sind Bereiche, die besonders geeignet sind, auszuwählen für Zielvereinbarungen. Hieran zeigt sich bereits, warum eine flächendeckende Einführung der Leistungsorientierten Bezahlung per Tarifvertrag so große Schwierigkeiten mit sich bringt.
> Ebenfalls spannend im Rahmen von Zielsetzungen ist die Diskussion um die sogenannten SMART-Kriterien in der öffentlichen Verwaltung, die entwickelt

wurden, um Ziele strukturierter definieren zu können und eine bessere und nach-vollziehbarere Zielerreichbarkeit zu ermöglichen.[10] Die bereits erwähnten Besonderheiten im Kontext von Zielen der öffentlichen Verwaltung zeigen bereits die Herausforderungen, die entstehen, wenn Ziele eben nicht nur rein monetärer Natur sind und zahlreiche Interdependenzen, Verschränkungen und Friktionen in ihren Zielbeziehungen über die gesamte Organisation hinaus aufweisen. Nichts-destotrotz kann das vorgegebene Raster der SMART-Kriterien dabei helfen, Ziele eventuell besser zu strukturieren oder im Grundsatz zu überdenken. Von flächen-deckenden Anwendungen ist in der öffentlichen Verwaltung grundsätzlich abzu-raten, da Aufwand und Nutzen bei der Instrumentenanwendung im Vordergrund stehen sollten. Vorgaben zu SMART-Kriterien sollten daher nur dort gemacht werden, wo es tatsächlich einen Mehrwert zu erwarten gibt, andernfalls ist damit zu rechnen, dass Zieldefinitionen nach SMART nur zum Selbstzweck – zur Erfüllung der Vorgabe des Instrumenteneinsatzes – aber ohne Mehrwert in der Zielerreichung durchgeführt werden (vertiefende Erkenntnisse über empirische Belege der Worst-Case-Eigenschaft von öffentlichen Verwaltungsorganisationen, Instrumente zum Selbstzweck zu betreiben, finden sich bei Germer, 2020, S. 201–217).

5.3 Lessons Learned

In diesem Kapitel zum Handlungsfeld der Personalführung wurde erläutert, wie Führungs- und Geführtenkonstellationen aussehen können, wozu Personalführung erforderlich ist und mit welchen Ausprägungen von Führungsverhalten entsprechende Wirkungen erzeugt werden können. Wie Führungskräfte mittels Kommunikation, Motivation und aktivierendem Verhalten führen können, wurde ebenfalls beschrieben.

Wichtige Kernbotschaften in diesem Handlungsfeld von Führungskräften sind die folgenden:

---

[10] Zu den SMART-Kriterien (Spezifisch – Messbar – Attraktiv – Realistisch – Terminiert) vgl. bspw. Ematinger und Schulze (2020, S. 3–7) oder Watzka (2017, S. 57). Zu weiterführenden Interpretationen bzw. Anwendungsmöglichkeiten der SMART-Kriterien im Rahmen der Ein-führung agiler Arbeitsweisen vgl. z. B. Hill (2019, S. 977) (dort wird z. B. folgende Erweiterung vorgeschlagen: Ergänzung messbarer Ziele durch messbare Meilensteine; statt realistischer Ziele Mehrwert schaffende Meilensteine sowie Ergänzung weiterer Kriterien neben SMART hin zu SMART CODE – Collaborative – Open to adapt – Daring – Eco-checked, somit in Zusammen-arbeit, anpassungsfähig, herausfordernd und angepasst an die Umwelt).

- Personalführung ist zwingend erforderlich, da die Handlungsfelder Planung und Organisation viel Gestaltungsraum offenlassen, der gefüllt werden muss.
- Führung soll mittelbar oder unmittelbar ein bewusstes Verhalten bewirken, das einen Beitrag zu den Organisations- bzw. Führungszielen leistet.
- Führung sollte durch ein bei den Mitarbeitenden akzeptiertes Verhalten ihre Wirkung erzeugen.
- Führung ist stets ein zweiseitiges Verhältnis. Ohne Geführte keine Führungskraft. Eine erforderliche Akzeptanz von Führung wird hieran besonders deutlich.
- Kommunikation und Motivation können dazu beitragen, Beschäftigte für die Ziel-erreichung, Visionen und Ideen der Organisation sowie der verantwortlichen Führungskraft zu begeistern.
- Eine Führungskraft, die ein Vorbild ist, kann stets eine erfolgreichere Wirkung auf ihre Mitarbeitenden durch Kommunikation, Motivation oder aktivierendes Verhalten erzeugen.
- Führung sollte heutzutage die Selbstständigkeit von Beschäftigten stärken.
- Wertschätzende Führung ist zumeist ein Beitrag zu erfolgreicherer Führung.
- Authentisches Führungsverhalten ist einem nach Lehrbuch ausgewählten, aber gezwungen gelebten Führungsstil vorzuziehen.
- Ein authentischer Führungsstil ist ein Führungsstil, der vor allem zu einem selbst, aber auch zur Organisation und insbesondere den Mitarbeitenden passt. Offenheit und Ehrlichkeit oder zum Beispiel Fehlertoleranz auch im eigenen Handeln und ein ent-sprechend transparenter Umgang damit sind dabei regelmäßig Türöffner für erfolg-reiche Führung.
- Authentisches Führen führt zu mehr Führungserfolg.

Literatur

Alter, U. (2015). *Grundlagen der Kommunikation für Führungskräfte: Mitarbeitende informieren und Führungsgespräche erfolgreich durchführen*. Springer.

Bass, B. M. (1990). *Bass & Stogdill's handbook of leadership: Theory, research and managerial applications* (3. Aufl.). Free Press – A Division of Simon & Schuster.

BEIGROUP GmbH Business Education International: Unternehmerbefragung 2015: Mitarbeiter-motivation – Märchen oder Wirklichkeit. http://www.bei-training.com/files/documents/Mit-arbeitermotivation-studie-2014-2015-befragung-beitraining-zum-PeopleSkillsDay2015.pdf. Zugegriffen: 28. Febr. 2021.

Bennis, W., & Goldsmith, J. (2010). *Learning to lead. A workbook on becoming a leader* (4. Aufl.). Basic Books.

Eckert, M. (2021). Out-of-the-Box-Denken als Erfolgsstrategie. *Innovative Verwaltung, 4,* 10–12. Springer Gabler.

Ematinger, R., & Schulze, S. (2020). Wozu Objectives and Key Results? *Spielend Ziele setzen uund erreichen*. essentials, Springer Gabler.

Fischbach, J. (2018). Scrum – In kurzen Iterationen zum Ziel. In M. Bartonitz et al. (Hrsg.), *Agile Verwaltung. Wie der öffentliche Dienst aus der Gegenwart die Zukunft entwickeln kann* (S. 65–74). Springer Gabler.

Gelep, A., Kralinski, T., & Siegel, J. (2021). Whatsapp statt Dienstberatung. *Innovative Verwaltung, 4*, 16–18. Springer Gabler.

Germer, K. T. (2021). *Erfolgreiches Verwaltungsmanagement: Grundlagen für Führungskräfte in der öffentlichen Verwaltung.* Springer Gabler.

Germer, K. T. (2020). *Management in der öffentlichen Verwaltung – Eine empirische Analyse auf Leitungsbasis.* Tectum.

Hay Group Studie zur Arbeitsmotivation unter: 4managers.de/fileadmin/_migrated/content_ uploads/20120222_Ergebnisbericht_Umfrage_Arbeitsmotivation.pdf. Zugegriffen: 14. Juli 2020.

Hellmann, G., & Hollmann, J. (2017). *Führungskompetenz in der öffentlichen Verwaltung: Motivation, Teamanleitung und Bürgerbeteiligung.* Springer Gabler.

Hill, H. (2019). Die Kunst des Organisierens – Wie werden große Organisationen effektiver? *DÖV – Die öffentliche Verwaltung. Zeitschrift für öffentliches Recht und Verwaltungswissenschaft, 24,* 973–981. Kohlhammer.

Lange, J. (2021). Interview: Digital gestärkt aus der Krise. *Innovative Verwaltung, 4,* 27–29. Springer Gabler.

Macharzina, K., & Wolf, J. (2008). *Unternehmensführung. Das internationale Managementwissen. Konzepte – Methoden – Praxis* (6. Aufl.). Gabler.

Markus, H., & Meuche, T. (2022). *Auf dem Weg zur digitalen Verwaltung. Ein ganzheitliches Konzept für eine gelingende Digitalisierung in der öffentlichen Verwaltung.* In: Edition Innovative Verwaltung. Springer Gabler.

Mentzel, W., Grotzfeld, S., & Haub, C. (2022). *Mitarbeitergespräche erfolgreich führen: Einzelgespräche, Meetings, Zielvereinbarungen und Mitarbeiterbeurteilungen* (13. Aufl.). Haufe.

Neuberger, O. (2015). *Das Mitarbeitergespräch: Praktische Grundlagen für erfolgreiche Führungsarbeit* (6. Aufl.). Springer Gabler.

Niggemeier, A. (2020). *Die Führung von morgen – Eine Analyse der akademischen Ausbildung von Führungskräften.* Springer Research.

von der Oelsnitz, D. (2009). *Management: Geschichte, Aufgaben, Beruf.* Beck.

Pietsch, G. (2003). *Reflexionsorientiertes Controlling. Konzeption und Gestaltung.* Deutscher Universitäts-Verlag/Gabler Edition Wissenschaft.

Richenhagen, G., & Dick, M. (Hrsg.). (2022). *Management im Wandel: Auf dem Weg zur Agilität in der öffentlichen Verwaltung* (S. 3–15). FOM-Edition, Springer Gabler.

Robbins, S. P., & Coulter, M. (2018). *Management* (14. Aufl.). Pearson Education.

Robbins, S. P., Coulter, M., & Fischer, I. (2014). *Management. Grundlagen der Unternehmensführung* (12. Aufl.). Pearson Studium.

Robbins, S. P., DeCenzo, D. A., & Coulter, M. (2013). *Fundamentals of management. Essential concepts and applications* (8. Aufl.). Pearson Education.

Rybnikova, I., & Lang, R. (2021). *Aktuelle Führungstheorien und -konzepte* (2. Aufl.). Springer Gabler.

Scherm, E., & Süß, S. (2001). *Internationales Management: Eine funktionale Perspektive.* Vahlen.

Schmidt, H.-J. (2009). *Betriebswirtschaftslehre und Verwaltungsmanagement* (7. Aufl.). Facultas wuv Verlag, UTB.

Schreyögg, G., & Koch, J. (2020). *Management. Grundlagen der Unternehmensführung. Konzepte – Funktionen – Fallstudien* (8. Aufl.). Springer Gabler.

Schreyögg, G., & Geiger, D. (2016). *Organisation: Grundlagen moderner Organisationsgestaltung. Mit Fallstudien* (6. Aufl.). Springer Gabler.

Schubert, D. A. (2022). *Führung im öffentlichen Dienst: Konzepte und Instrumente für Führungskräfte im öffentlichen Sektor – worauf es in der Praxis ankommt.* In: Edition Innovative Verwaltung. Springer Gabler.

Staehle, W. H., Conrad, P., & Sydow, J. (1999). *Management: Eine verhaltenswissenschaftliche Perspektive* (8. Aufl.). Vahlen.

Schwaber, K., & Sutherland, J. (2020). Der Scrum-Guide. Der gültige Leitfaden für Scrum: Spielregeln, deutsche Fassung, November 2020. https://scrumguides.org/docs/scrumguide/v2020/2020-scrum-guide. Zugegriffen: 5. Okt. 2022.

Steinmann et al., (2013). Management. Grundlagen der Unternehmensführung. Konzepte – Funktionen – Fallstudien (7. Aufl.). Springer Gabler.

Vahs, D. (2015). *Organisation. Ein Lehr- und Managementhandbuch* (9. Aufl.). Schäffer-Poeschel.

Watzka, K. (2017). *Zielvereinbarungen in Unternehmen: Grundlagen, Umsetzung, Rechtsfragen* (2. Aufl.). Springer Gabler.

Wesche, J. S., & Fleig, L. (2016). Authentic Leadership: Authentische Führung praktizieren und trainieren. In J. Felfe & R. van Dick (Hrsg.), *Handbuch Mitarbeiterführung: Wirtschaftspsychologisches Praxiswissen für Fach und Führungskräfte* (S. 3–14). Springer.

Weibler, J. (2012). *Personalführung* (2. Aufl.). Vahlen.

Weibler, J. (2004). Führung und Führungstheorien. In G. Schreyögg & A. v. Werder (Hrsg.), *Handwörterbuch Unternehmensführung und Organisation* (4. Aufl., Sp. 294–308). Schäffer-Poeschel.

Machtverhältnisse und Stakeholder – Interessen und Einflussnahmen

Zusammenfassung

Was sind Stakeholder, warum spielen deren Einflüsse eine Rolle für Führungskräfte und für Organisationen und welche Zusammenhänge gibt es zwischen Führungskräften, Stakeholdern und Machtverteilungen? Dies sind Fragen, denen in diesem Kapitel auf die Spur gegangen wird. Neben Erläuterungen zum grundsätzlichen Verständnis wird aufgezeigt, welche Spannungsfelder und Interessenkonflikte existieren und wie sich Führungskräfte darin bewegen können. Darüber hinaus wird ein ausführlicher Blick auf die unterschiedlichen existierenden Stakeholder in öffentlichen Verwaltungsorganisationen gegeben und deren verschiedene Einflussbereiche erläutert und übersichtlich veranschaulicht.

6.1 Interessen, Machtverteilungen und ihre Auswirkungen

Dass es in Organisationen eine Vielzahl an Interessen geben kann, die nicht zwingend mit den übergeordneten Organisationszielen in Einklang stehen, zeigen bereits die Ausführungen aus den vorhergehenden Kapiteln über informelle Strukturen und Personalführung (Abschn. 3.1.3 und 5.1.2). Für Führungskräfte bedeutet diese Erkenntnis entsprechend, stets ein Augenmerk auf das Auftreten verschiedener Interessenlagen zu richten, um die Führungskräfteaufgaben dabei bestmöglich wahrzunehmen.

Unabhängig von den Bereichen, in denen innerhalb der direkten Führungs-Geführten-Konstellation (Abschn. 5.1.2), also zwischen Führungskräften und unterstellten Beschäftigten, unterschiedliche Interessenlagen ihre Wirkungen erzeugen, gibt es weitere Einflussnehmer, die auf die Organisationsziele bzw. auf die Arbeitsgestaltung und den Arbeitsalltag von Führungskräften Auswirkungen erzeugen können (vgl. bspw.

K. T. Germer, *Praxisleitfaden für Führungskräfte im öffentlichen Dienst,*
https://doi.org/10.1007/978-3-662-66679-1_6

Schreyögg & Koch, 2020, S. 236). Sofern die Möglichkeit einer Einflussnahme durch irgendjemanden besteht, kommt der Begriff der Macht ins Spiel. Wer Einfluss nimmt, versucht letzten Endes, Macht über etwas auszuüben. Je nach Einflussnehmerposition kann diese Macht eine stärkere oder weniger starke Wirkung erzeugen.[1]

Im Kontext von Führungskräftealltag kommt an dieser Stelle der Begriff der Stakeholder ins Spiel. Unter Stakeholdern kann nach einer allgemeinen Definition Folgendes verstanden werden:

▶ **Definition Stakeholder** Als Stakeholder können alle Personen bezeichnet werden, die an der Organisation oder einzelnen Aufgaben und Bereichen der Organisation ein in irgendeiner Form geartetes direktes oder indirektes Interesse haben (vgl. z. B. Wentges, 2002, S. 91).

Neben Mitarbeitenden, die klassisch als Stakeholder zu sehen sind, zählen in der öffentlichen Verwaltung ganz traditionell auch politische Akteure oder die Öffentlichkeit im Sinne von Presse oder Bürgerschaft dazu. Ebenfalls von hoher Bedeutung sind Stakeholder mit wirtschaftlichen Interessen, wie Organisationen, Unternehmen etc. Im Prinzip kommen alle außerhalb einer öffentlichen Verwaltungsorganisation existierenden Institutionen, Organisationszweige oder Akteure der Privatwirtschaft, aber gegebenenfalls andere öffentliche Verwaltungseinrichtungen als Stakeholder in Betracht. Die Vielzahl ist schier unermesslich. Mithilfe der zuvor genannten Definition besteht für Führungskräfte die Möglichkeit, jede Form von Einflussnahmepotenzial oder Interessenlagen im Grundsatz identifizieren zu können und ein Gefühl zu entwickeln, an welchen Stellen gegebenenfalls Macht und Machtausübung eine Rolle spielen.

Führungskräfte befinden sich somit in einem großen Spannungsverhältnis von Stakeholdern und Machtverhältnissen. Da Stakeholder nicht die gleichen Interessen wie eine Organisation oder die jeweilige Führungskraft darin vertreten müssen, ist es wichtig, zuerst einmal ein Fingerspitzengefühl oder Gespür für das Auftreten dieser Situationen zu entwickeln. Hierfür Instrumente bereitzustellen ist äußerst schwierig. Aus wissenschaftlicher Perspektive versucht man, Erklärungsmodelle, wie z. B. die sogenannte Prinzipal-Agenten-Theorie, heranzuziehen, um zumindest Erklärungsmuster bzw. -rollen für unterschiedliche Machtverhältnisse und Interessenlagen zu identifizieren, diese helfen zwar, Situationen zu verstehen, sind aber zumeist so abstrakt, dass eine Praxisanwendung selten von großem Nutzen ist (vgl. z. B. von der Oelsnitz, 2009, S. 36–37).[2] Letzten Endes sind daher vielmehr eine gewisse Menschenkenntnis und ins-

---

[1] Zur Vertiefung von Machttheorien vgl. zum Beispiel Martin (2003, S. 144 ff.) oder Ortmann et al. (1990, S. 13 ff.); vgl. auch Schreyögg und Koch (2020, S. 553–561).

[2] Im Rahmen der Prinzipal-Agenten-Theorie wird die Frage von Wissensvorsprüngen und unterschiedlichen Interessenlagen von handelnden Personen genauer betrachtet und versucht, eine Erklärung zu finden, mit welchen Vor- und Nachteilen solche Wissensvorsprünge entsprechend genutzt werden können (vgl. von der Oelsnitz, 2009, S. 36–37).

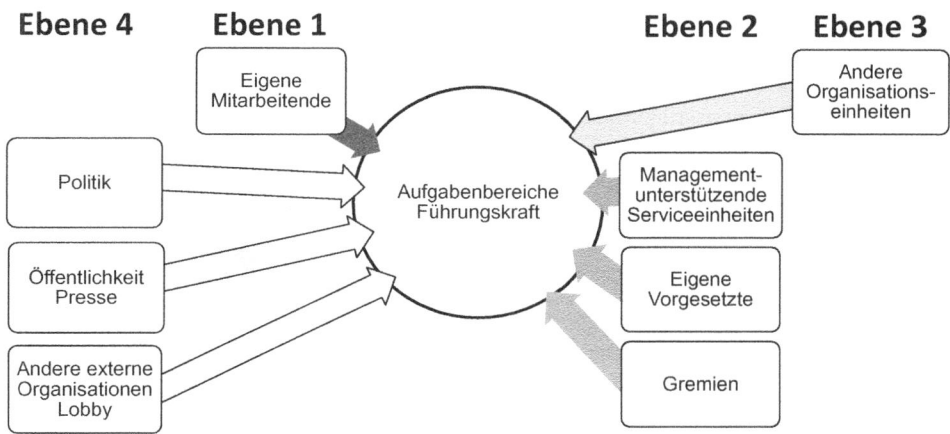

Abb. 6.1 Stakeholder und Interessen in öffentlichen Verwaltungsorganisationen

besondere eine Erfahrung mit den unterschiedlichen Stakeholdern, der Herkunft ihrer Interessen bzw. Informationen über ihre Interessengruppen sowie gute Kenntnisse über die Organisationskultur und den entsprechend mit dieser und den Stakeholdern verbundenen Strukturen wichtig.

Im Folgenden werden einige wesentliche Stakeholder charakterisiert, die sowohl von innerhalb als auch außerhalb einer öffentlichen Verwaltungsorganisation auf die Aufgabenbereiche von Führungskräften wirken können:

Ebene 1: direkte Mitarbeiter in der eigenen Arbeitseinheit
Ebene 2: Organisationseinheiten, die managementunterstützende Aufgaben wahrnehmen (z. B. Personalabteilung, Controllingbereich, Organisationsorganisationseinheit etc.)[3]
Ebene 2: eigene Führungskräfte – hierarchisch höhere Vorgesetzte
Ebene 2: Gremien – Personalräte, Gleichstellungsbeauftragte, Schwerbehindertenvertretungen etc.
Ebene 3: Beschäftigte und Führungskräfte anderer Organisationseinheiten
Ebene 4: Politik
Ebene 4: andere Organisationen öffentlicher oder privatwirtschaftlicher Natur/Lobbyisten
Ebene 4: Öffentlichkeit und Presse

Abb. 6.1 systematisiert die Ebenen in einer veranschaulichenden Darstellung.

Zur Erläuterung der einzelnen Ebenen ist Folgendes festzuhalten:

---

[3] Vgl. bspw. Vahs (2015, S. 537); Germer (2020, S. 99).

Zur Ebene 1

Auf die eigenen Mitarbeitenden wurde bereits zuvor ausführlich eingegangen. Hier ist wichtig, nah am Geschehen in der eigenen Organisationseinheit zu sein und mit einem angemessenen Führungsstil authentisch mit den Beschäftigten zu agieren.

Zur Ebene 2

Zu den sogenannten managementunterstützenden Organisationseinheiten ist Folgendes anzumerken: In großen Organisationen sind managementunterstützende Organisations-einheiten die Regel (vgl. Germer, 2020, S. 174). Hintergrund dabei ist, dass es dem Führungspersonal, je größer eine Organisation ist, stets schwerer fallen wird, alle beschriebenen Führungsaufgaben vollständig selbstständig auszuführen. Führungskräfte sind daher auf Unterstützungsleistungen angewiesen. Die managementunterstützenden Organisationseinheiten treffen zwar keine Führungskräfteentscheidungen, aber sie erbringen Serviceleistungen in den Bereichen der Führungsaufgaben, um die Führungs-arbeit zu erleichtern, wie z. B. organisatorische Entscheidungen vorbereiten, das klassische Personalgeschäft oder Controllingaufgaben (vgl. zum Beispiel Pietsch & Scherm, 2004, S. 532–533; Pietsch, 2003, S. 16–17; Germer, 2020, S. 99; Germer, 2021, S. 152–154; Vahs, 2015, S. 95). Dass hierbei eine direkte Beeinflussung durch andere Interessen geschehen kann, ist eindeutig (vgl. bspw. Gonschorrek & Pepels, 2004, S. 22). Der Machtaspekt spielt insofern eine Rolle, dass durch einen Informationsvorsprung von Beschäftigten in den unterstützenden Organisationshoheiten opportunistische Beeinflussung stattfinden kann, und zwar, ohne dass einer Führungskraft das auffallen kann, da dort die notwendigen Informationen nicht im ausreichenden Maß vorliegen. In diesem Bewusstsein lassen sich die entsprechenden Unterstützungsmaßnahmen entsprechend bewerten, wobei diese Empfehlung nicht zu einem Führungsverhalten führen sollte, das von Misstrauen geprägt ist. Dies wäre bei einem authentischen Führungsstil sonst sofort spürbar und sollte ver-mieden werden. Ein Gespür für eventuelle Interessenlagen oder Machtverhältnisse in diesem Kontext hilft aber bereits, die Situationen adäquater einzuordnen.

Ebenfalls offenkundig ist, dass hierarchisch Vorgesetzte Einflüsse ausüben können. Teils offensichtlich, teils nicht leicht aufzudecken (sofern denn tatsächlich eigene Interessen verfolgt werden), können Vorgesetzte im Rahmen ihres Direktionsrechtes und ihrer Weisungen Organisationsziele verfolgen oder auch Eigeninteressen transportieren. Hier fällt es besonders schwer, ein adäquates Umgehen zu finden, da die Weisungen von Vorgesetzten in der Regel umzusetzen sind. Auch hier hilft das Bewusstwerden von Interessenlagen, um ein gewisses Verständnis für Entscheidungen von Vorgesetzten und daraus abzuleitenden Handlungen aufzubauen (vgl. Germer, 2020, S. 100; Ortmann et al., 1990, S. 395–396).

Des Weiteren haben Gremien einen entsprechenden Einfluss und oftmals auch Macht, bestimmte Entscheidungen nach eigenen Interessen zu steuern. Die Interessenlagen in diesen Fällen sind oftmals eher offenkundig. Zu beachten ist, dass Gremien stets eine Vielzahl von unterschiedlichen Vorgängen mit diversen Interessenlagen vertreten werden und daher auch manchmal Interessengeschäfte (Eintausch einer unliebsamen Entscheidung gegen eine andere) dazu führen können, dass in die eine oder andere Richtung eine Einflussnahme stattfinden kann.

Zur Ebene 3

Ebenso Mitarbeitende und Führungskräfte anderer Organisationseinheiten können fachlich bedingte, auf die Organisationsziele ausgerichtete Interessen verfolgen, sind aber ebenfalls als Stakeholder mitzuberücksichtigen, gegebenenfalls eigene nicht so leicht aufzudeckende Interessen zu verfolgen. Da die Distanz in diesen Fällen etwas größer ist und die auszuübende Macht in der Ebene 3 entsprechend kleiner als in den Ebenen 1 und 2, wird dieser Bereich bewusst getrennt von diesen beiden Ebenen. Nichtsdestotrotz sollte ein Bewusstsein dafür da sein, dass Interessen bestehen könnten und ähnlich wie bei den Gremien auch manchmal Interessengeschäfte zwischen hierarchisch Gleichgestellten vorkommen können.[4]

Zur Ebene 4

In der Ebene 4 wurden von außerhalb von Organisationen einwirkende Stakeholder gesammelt. Für die öffentliche Verwaltung daher ein Bereich von erheblicher Bedeutung und Wichtigkeit. Die Zuordnung der genannten Bereiche zu einer Ebene 4 erfolgt zur systematischen Erleichterung und da es sich stets um Außeneinflüsse handelt. In meinen Studien habe ich sehr deutliche Erkenntnisse über politische Einflussnahmen festgestellt (vgl. Germer, 2020, S. 232–235, vgl. darüber hinaus Jethon & Reichard, 2022, S. 109; Bogumil, 2022, S. 130; Blasweiler, 2022, S. 135). Dies erscheint völlig logisch, sieht man die Verwaltung als Erfüllungsgehilfen der Politik an, bürgerlichen Willen und öffentlichen Aufträge umzusetzen. Aus dem letzten Aspekt wird gleichsam dann auch der Einfluss der Öffentlichkeit durch Presse, Bürgervertretungen oder einzelne Bürgerinteressen sichtbar (vgl. u. a. Hellmann & Hollmann, 2017, S. 197). Die Vielzahl an Interessen, die auf die Verwaltung wirken können, ist riesig. Hinzu kommen Einflussbereiche wirtschaftlicher Interessen mit ihren entsprechenden Auswirkungen (z. B. Unternehmensansiedlungen zur Schaffung von Arbeitsplätzen), die aber auch mit vielschichtigen Herausforderungen verbunden sein können (bspw. Naturschutz, Lärm von Durchfahrtsverkehr). Besonders im politischen Einflussbereich fällt auf, dass Einflussnahmen auf allen Hierarchieebenen auftreten können, so habe ich im Rahmen von Untersuchungen festgestellt, dass selbst im operativen Geschäft teilweise Versuche von politischer Einflussnahme auftreten (vgl. Germer, 2020, S. 233).

Das Spannungsfeld, das von außen besteht, nimmt eine Komplexität an, die zumindest in holistischer Betrachtungsweise von schwierigster Greifbarkeit ist. Bei einzelnen

---

[4]Untersuchungen zu solchen Verschiebungen von Machtverhältnissen innerhalb von Organisationen finden sich zum Beispiel bei Toffler (vgl. Germer, 2020, S. 100 unter Bezugnahme auf Toffler, 1990, dort bspw. S. 28–29).

Führungskräfteentscheidungen helfen hierbei die unter Kap. 2 angeführten Erkenntnisse zur SWOT-Analyse. Das später folgende Kapitel zu Entscheidungen kann ebenfalls bei der Eingrenzung der von außen entstehenden Komplexität helfen (siehe Kap. 8). Nichtsdestotrotz sollten unbedingt jeder Führungskraft in der öffentlichen Verwaltung Kenntnisse über die Interessenlagen von außen am Herzen liegen, um bessere Führungshandlungen ausführen zu können.

Weitere Erklärungsansätze hierzu finden sich bei Betrachtung des äußerst komplexen Themas Entscheidungen, das im später folgenden Kap. 8 behandelt wird.

6.2 Wichtige Instrumente und Praxistipps

Networking
Zur Beschreibung von Networking siehe Kap. 9.

> **Praxistipp**
> Networking und gute Verbindungen in der eigenen Organisation können dabei helfen, interne Strukturen und insbesondere informelle Aspekte aufzudecken bzw. besser zu verstehen. Interessenlagen können sichtbarer werden und Machtstrukturen schneller aufgedeckt und berücksichtigt werden.

SWOT-Analyse
Zur Beschreibung der SWOT-Analyse siehe die Ausführungen zu ausgewählten wichtigen Instrumenten und Praxistipps im Kapitel Planung und Strategien unter Abschn. 2.2.

> **Praxistipp**
> Insbesondere für die Außeneinflüsse können auch manchmal die Erkenntnisse von SWOT-Analysen hilfreich sein. Manchmal nicht unbedingt im Ergebnis und der Darstellung, aber im Erhebungsprozess können Stakeholder und Machtgefälle sichtbar werden. Sofern Sie als Führungskraft nicht unmittelbar am Erhebungsprozess der SWOT-Analyse beteiligt sind, können Gespräche mit den Beteiligten Aufschluss über neue Erkenntnisse bringen.

6.3   Lessons Learned

In diesem Kapitel zu den Einflussbereichen von Stakeholdern und Machtverhältnissen in Organisationen sowie unterschiedlichen Interessenlagen wurden diese wichtigen Elemente, die Auswirkungen auf Organisationen, Führungsverhalten und alle Mitarbeitenden haben können, beschrieben.

Wichtige Kernbotschaften in diesem Einflussbereich, der auf alle anderen Handlungsfelder von Führungskräften starke Auswirkungen erzeugen kann, sind die folgenden:

- Es gibt zahlreiche Einflussnahmemöglichkeiten und unterschiedliche Interessenlagen, denen Führungskräfte im Laufe ihres Arbeitsalltages ausgesetzt sind.
- Stakeholder kommen in jeder Organisation vor.
- Stakeholder ist jeder, der an einer Organisation oder einzelnen Aufgaben und Bereichen einer Organisation ein in irgendeiner Form geartetes direktes oder indirektes Interesse hat.
- Interessenlagen können sehr unterschiedlich ausfallen.
- Selbst zwischen Organisationseinheiten, die eigentlich das gleiche Gesamtziel verfolgen, können unterschiedliche Interessen auftreten.
- Stakeholder lassen sich in unterschiedliche Ebenen ihres Einflussbereiches einteilen. Diese Einteilung trifft keine Aussage über die Stärke einer Einflussnahmemöglichkeit. Aus jedem Stakeholderbereich der vier Ebenen kann eine erhebliche Einflussnahme auf Führungs- und Entscheidungsverhalten bzw. Aufgabenausübung einer Organisationseinheit auftreten.
- Machtgefüge und Interessenlagen lassen sich besser erkennen, wenn Kenntnisse über informelle Strukturen und Organisationskulturen bestehen.
- Auch Networking (Kap. 9) kann dazu beitragen, Interessenlagen und Machtgefüge besser zu durchdringen und potenzielle Stakeholder auszumachen.

Literatur

Blasweiler, K.-H. (2022). Beziehungsstatus: Es ist kompliziert. Persönliche Anmerkungen zum Umsetzungsstand des NKF in NRW. *Verwaltung und Management. Zeitschrift für moderne Verwaltung, 3*(28), 132–137.

Bogumil, J. (2022). Outputorientierte Steuerung im kommunalen Haushalt – Ein jahrzehntelanges Missverständnis! Ein Kommentar. *Verwaltung und Management. Zeitschrift für moderne Verwaltung, 3*(28), 128–131.

Germer, K. T. (2021). *Erfolgreiches Verwaltungsmanagement: Grundlagen für Führungskräfte in der öffentlichen Verwaltung.* Springer Gabler.

Germer, K. T. (2020). *Management in der öffentlichen Verwaltung – Eine empirische Analyse auf Leitungsbasis.* Tectum.

Gonschorrek, U., & Pepels, W. (Hrsg.). (2004). *Ganzheitliches Management* (Bd. 1). Berliner Wissenschafts-Verlag.

Hellmann, G., & Hollmann, J. (2017). *Führungskompetenz in der öffentlichen Verwaltung: Motivation, Teamanleitung und Bürgerbeteiligung*. Springer Gabler.

Jethon, A., & Reichard, C. (2022). Ziele und Kennzahlen im Produkthaushalt: Weiter wie bisher? Problemlagen und Perspektiven ergebnisorientierter Steuerung. *Verwaltung und Management. Zeitschrift für moderne Verwaltung, 3*(28), 97–144. Nomos.

Martin, A. (Hrsg.). (2003). *Organizational Behaviour – Verhalten in Organisationen*. Kohlhammer.

von der Oelsnitz, D. (2009). *Management: Geschichte, Aufgaben, Beruf*. Beck.

Ortmann, G., Windeler, A., Becker, A., & Schulz, H.-J. (1990). Computer und Macht in Organisationen. Mikropolitische Analysen. In Der Minister für Arbeit, Gesundheit und Soziales des Landes Nordrhein-Westfalen (Hrsg.), *Schriftenreihe Sozialverträgliche Technikgestaltung* (Bd. 15). Westdeutscher.

Pietsch, G. (2003). *Reflexionsorientiertes Controlling. Konzeption und Gestaltung*. Deutscher Universitäts-Verlag/Gabler Edition Wissenschaft.

Pietsch, G., & Scherm, E. (2004). Reflexionsorientiertes Controlling. In E. Scherm & G. Pietsch (Hrsg.), *Controlling: Theorien und Konzeptionen* (S. 529–553). Oldenbourg.

Schreyögg, G., & Koch, J. (2020). *Management. Grundlagen der Unternehmensführung. Konzepte – Funktionen – Fallstudien* (8. Aufl.). Springer Gabler.

Toffler, A. (1990). *Machtbeben: Wissen, Wohlstand und Macht im 21. Jahrhundert*. Econ.

Vahs, D. (2015). *Organisation. Ein Lehr- und Managementhandbuch* (9. Aufl.). Schäffer-Poeschel.

Wentges, P. (2002). *Corporate Governance und Stakeholder-Ansatz. Implikationen für die betriebliche Finanzwirtschaft*. Deutscher Universitäts Verlag, Gabler.

Rationalitätssicherung und Zielausrichtung – Controlling

Zusammenfassung

Das Kap. 7 befasst sich mit Themen der Rationalitätssicherung und Zielausrichtungskontrolle. Das Handlungsfeld des Controllings für Führungskräfte ist der Bereich, um den es sich hier mit seinen unterschiedlichen Führungsaufgaben dreht. Dabei werden die Fragen, welche Rolle Informationen spielen, welche Schritte erforderlich sind, um erfolgreich gesetzte Ziele im Blick zu behalten, und wie mit irrationalem Verhalten umgegangen werden kann, in diesem Kapitel erläutert. Neben den einzelnen Führungskräfteaufgaben, die sich unter den Controlling-Tätigkeiten einordnen lassen und dabei helfen, ein Verständnis vom Controlling-Begriff zu erlangen, wird eine Auswahl wichtiger Instrumente beschrieben und Praxistipps für deren Einsatz gegeben.

7.1 Was alles unter Controlling zu verstehen ist

7.1.1 Der Controlling-Begriff

Wie in den vorangegangenen Kapiteln deutlich wurde, stehen im Rahmen von Führungsaufgaben regelmäßig Entscheidungen zum Beispiel für Strukturen, für Abläufe, für Ziele, für Führungsstile im Vordergrund (wobei diese Aufzählung nur als eine beispielhafte zur Verdeutlichung zu verstehen ist). In den meisten Fällen der Führungsaufgaben aus den Bereichen Planung, Organisation, Personaleinsatz und Personalführung handelt es sich um höchst selektive Aspekte, das heißt, es wird eine Wahl getroffen. Bei der Entscheidung für etwas werden daher also auch immer Entscheidungen gegen Alternativen getroffen. Hierbei entsteht ein Selektionsrisiko. Bereits unter Kap. 2 wurde deutlich, dass es nie möglich sein wird, alle notwendigen Informationen der Umwelt heranziehen zu können und damit allwissend zu sein. Mit den Aufgaben des Controllings soll das dadurch entstehende Selektionsrisiko zumindest vermindert werden (vgl. Schreyögg & Koch, 2020, S. 137, 244 sowie S. 147; Germer, 2020, S. 92).

Wie in den vorhergehenden Kapiteln bereits unter den anderen Handlungsfeldern festgestellt, gibt es auch für das Controlling unterschiedliche Begriffsbestimmungsmöglichkeiten. Zum einen findet Controlling als institutionaler Begriff Anwendung, wenn von Organisationseinheiten gesprochen wird, die Controlling-Aufgaben wahrnehmen in einer Unterstützungsfunktion für das Management der Organisationen, den sogenannten Controllingorganisationseinheiten (vgl. Germer, 2020, S. 92–93; Weber, 2004, Sp. 153).

In diesem Kapitel soll der Fokus auf den Aufgaben des Controllings für Führungskräfte liegen, der sogenannten funktionalen Controlling-Funktion. Die Funktion oder besser gesagt die Beschreibung der Tätigkeiten, die im Rahmen von Controlling zu erledigen sind, stehen hierbei im Vordergrund.

In der Praxis besonders zu beachten ist, dass es zahlreiche Ratgeber im Controllingkontext gibt, die sehr unterschiedliche Auffassungen zu den Inhalten von Controlling-Aufgaben vertreten. Eine einheitliche Definition zu finden, ist nicht möglich.[1]

Eine Idee in der Literatur, Controlling zu beschreiben, basiert zum Beispiel darauf, Prozesse zur Beaufsichtigung und Beobachtung, zum Vergleich sowie zur Korrektur von Arbeitserledigung auf der Ebene einzelner Arbeitsplätze, Arbeitseinheiten oder der gesamten Organisation zu betrachten (vgl. Germer, 2020, S. 93 unter Bezugnahme auf Robbins et al., 2014, S. 266; vgl. auch Fischer, 2009, S. 3 ff.). Andere Autoren dahingegen verstehen Controlling als ganzheitliche Organisationssteuerung, manchmal wird dies dann auch in einigen Controlling-Werken mit dem Begriff des Managements von Organisationen gleichgesetzt, was zu tiefgreifenden Verständnisschwierigkeiten führt, sofern man die anderen Funktionen dann außer Acht lässt (vgl. bspw. Weibler, 2004, Sp. 295; Weibler, 2012, S. 9; Germer, 2020, S. 93).[2] Einig wiederum ist man sich unter den Autoren, dass Controlling deutlich mehr ist als reine Kontrolle.[3]

Für eine erfolgreiche Anwendung in der Praxis macht es jedoch Sinn, sich nicht in den Diskussionen um eine einheitliche Begrifflichkeit des Controllings zu verlieren, sondern auf die tatsächlich anfallenden Aufgaben zu fokussieren, die notwendig sind,

---

[1] Vgl. Germer (2020, S. 93); Weber (2004, Sp. 152–153); Jung (2007, S. 4–5); Barth und Barth (2008, S. 9); Vesper (2013, S. 46 ff.); vgl. auch Schmidberger (1994, S. 24–25).

[2] Vgl. Schwarz (2002b, S. 3 ff.); Schwarz (2002a, S. 1 ff.) oder Horváth (2011, S. 18 ff.). Vgl. auch Schaefer (2008, S. 12 ff.); Pietsch (2003, S. 5 ff.).

[3] Wie Horváth feststellt, ist die in der Literatur oftmals vorzufindende Übersetzung des englischen Begriffes „controlling" ins Deutsche mit „Kontrolle" deutlich zu kurz gefasst [vgl. Germer (2020, S. 93) unter Bezugnahme auf Horváth (2011, S. 17)].

um die anderen Handlungsfelder und Aufgaben erfolgreicher ausüben zu können (vgl. Germer, 2020, S. 94).[4]

Nach Auswertung zahlreicher Werke kann als Ergebnis dieser Frage die folgende Erkenntnis aus meiner Veröffentlichung zum erfolgreichen Verwaltungsmanagement festgehalten werden (Germer, 2020, S. 94):

> Als wesentliche Controllingaufgaben werden Informationsversorgung und -bewertung, Kontrolle sowie Abstimmung zwischen Planung und Kontrolle, Koordination und Rationalitätssicherung verstanden.[5] Mit Bezug auf den Begriff Kontrolle sind hierbei nicht nur reine Ergebniskontrollen gemeint (Soll-Ist-Abgleiche), sondern auch das frühzeitige Erkennen vorzeitiger Abweichung von gesetzten Zielen (vgl. Weber, 2004, Sp. 156; Fischer, 2009, S. 3; Hammer, 2011, S. 61). Controlling ist somit sowohl vergangenheitsorientiert wie auch auf die Gegenwart und die Zukunft ausgerichtet (vgl. Robbins et al., 2014, S. 275–276).

Auf Basis dieser Erkenntnisse wird für einen praxisorientierten Einsatz daher die folgende Definition des Controlling-Begriffes vorgeschlagen.

▶ **Definition Controlling**   Controlling bezeichnet die Aufgabenerledigung, die erforderlich ist, um für Entscheidungen und Führungskräftehandlungen bessere Ergebnisse zu erzielen. Die Controlling-Aufgaben bestehen aus der Informationsversorgung und -bewertung, der Kontrolle, der Abstimmung zwischen Planung und Kontrolle, der Koordination sowie der Rationalitätssicherung.

Im folgenden Abschnitt (Abschn. 7.1.2) werden diese Aufgaben, die im Rahmen von Controlling anfallen, etwas näher erläutert, bevor sie dann im anschließenden Abschn. 7.2 mit Werkzeugen unterlegt werden.

7.1.2   Controlling-Aufgaben

Die oben beschriebene Definition des Controlling-Begriffes basiert darauf, dass mithilfe einiger Kernaufgaben des Controllings ein erheblicher Beitrag dazu geleistet werden kann, die anderen beschriebenen Managementfunktionen der vorhergehenden Kapitel

---

[4]Zu den Entwicklungslinien des Controllings vgl. bspw. Schwarz (2002b, S. 3 ff.); Schwarz (2002a, S. 1 ff.) oder Horváth (2011, S. 18 ff.). Vgl. auch Schaefer (2008, S. 12 ff.); Pietsch (2003, S. 5 ff.).

[5]Vgl. Horváth (2011, S. 55 ff.); Weber (2004, Sp. 152 ff.); Ahn und Dyckhoff (2004, S. 503 ff.); vgl. bspw. auch Schäffer (2002, S. 99 ff.); Pietsch (2003, S. 5 ff).; Schaefer (2008, S. 17 ff.); Küpper et al. (2013, S. 19 ff.); Fischer et al. (2015, S. 22 ff.); sowie in Gesamtwerken Ahn (2003), Schäffer und Weber (2001), Scherm und Pietsch (2004) oder Weber und Hirsch (2002) mit einer Sammlung von Aufsätzen.

Abb. 7.1 Aufgabenbereiche
von Controlling

noch besser zu gestalten (vgl. Germer, 2020, S. 94 unter Bezugnahme auf Horváth, 2011, S. 55 ff.).

Wie unter Abschn. 7.1.1 eingeführt, lässt sich Controlling dazu anhand seiner folgenden Aufgabenbereiche beschreiben:

1. Informationsversorgung und -bewertung,
2. Kontrolle,
3. Abstimmung zwischen Planung und Kontrolle,
4. Koordination und
5. Rationalitätssicherung.

Abb. 7.1 veranschaulicht die verschiedenen Aufgabenbereiche des Controllings.

Im Fokus steht bei diesen fünf Aufgabenbereichen, dass mithilfe der Management-funktion Controlling die anderen beschriebenen Handlungsfelder bzw. Funktionen der Planung, der Organisation und des Personals mit den getroffenen und anstehenden Entscheidungen erfolgreicher gestaltet werden. In allen Aufgabenfeldern steht daher eine Optimierung im Vordergrund und sind auch Effizienzfragen und Ergebnisziel-orientierung von Bedeutung (vgl. Germer, 2021, S. 146–147).[6]

---

[6]Vgl. Germer (2020, S. 95); Horváth (2011, S. 67 sowie S. 127); Weber (2004, Sp. 152); Dyckhoff und Ahn (2002, S. 116 ff.); Ahn (2003, S. 90 ff.); vgl. Ahn und Dyckhoff (2004, S. 519 ff.); vgl. auch Hammer (2011, S. 61); Werder und Grundei (2006, S. 14 ff.); von der Oelsnitz und Tacke (2009, S. 340); Schmidberger (1994, S. 24–25).

Zu 1. Informationsversorgung und -bewertung

Im Rahmen der Informationsversorgung und Informationsbewertung steht im Fokus, dass für anstehende Entscheidungen oder getroffene Entscheidungen die notwendigen oder vermeintlich relevanten Informationen erhoben und anschließend bewertet werden. Dies zeigt bereits ein großes Dilemma bei den Aufgaben des Controllings auf. Es muss entschieden werden, welche Informationen zu erheben sind und wie sie ausgewertet werden. Schnittstellen zu Einflussmöglichkeiten und Interessen, wie unter Kap. 6 beschrieben, sind hierbei zu berücksichtigen.

Mittels einer klugen Instrumentenwahl, die auf die Ziele abgestimmt ist, lässt sich jedoch besser entscheiden, welche Informationen erhoben werden sollen. An die Informationserhebung schließen sich Fragen der Informationsverarbeitung (wie und wo wird gespeichert) an. Im Rahmen des Schrittes der Informationsbewertung muss oftmals eine Informationsverdichtung vorgenommen werden, da die Vielzahl an Informationen oder Informationsmenge ansonsten oftmals eher als Entscheidungsbremse wirken kann. Die Frage der Bewertung, die regelmäßig einer gewissen Einschätzung und damit Subjektivität unterliegt, ist ein wesentlicher Aspekt. Je nach Einschätzungsvermögen kann die Informationsgrundlage in die eine oder andere Richtung ausgelegt werden. Interpretationsspielraum wird deutlich. Hieran zeigt sich bereits, dass ein gewisser Rahmen oder ein Korsett zur eigenen Einengung durchaus nützlich sein kann, um auf Basis der richtigen vorliegenden Informationen entscheidungsfähig zu bleiben. Einige der unter Abschn. 7.2 angeführten Instrumente bieten hierzu Hilfestellung.

Zu 2. Kontrolle

Unter Kontrolle werden klassische Soll-Ist-Abgleiche verstanden. Das heißt, es wurde ein Zustand wie erwünscht erreicht. Kontrolle soll aber nicht nur retrospektiv erfolgen, sondern auch eine gewisse Zukunftsorientierung aufweisen, hier kommt die Abstimmung zwischen Planung und Kontrolle ins Spiel.

Zu 3. Abstimmung zwischen Planung und Kontrolle

Eine kontinuierliche Rückkopplung zwischen der Funktion der Planung hinsichtlich der bisherigen Erreichung von Zielvorgaben sowie eine prospektive Betrachtung spielen in diesem Aufgabenbereich eine Rolle. Nicht nur die Vergangenheit, die sich relativ einfach in der Regel hinsichtlich Abweichungen kontrollieren lässt, auch die kontinuierliche Abstimmung auf die Zukunft bezogen kann innerhalb der Controlling-Aufgaben Berücksichtigung finden. So findet sich z. B. in der Praxis oftmals eine zukunftsorientierte Kontrolle bei den Aufgaben in den sogenannten Organisationseinheiten Revision, Interne Revision oder Innenrevision wieder, bspw. im Rahmen von Risikomanagement (Markus & Meuche, 2022, S. 157–158; Pilz, 2017, S. 8). Auch für jede Führungskraft im Alltagsgeschäft ist es ratsam, hinsichtlich der gewünschten Zielvorstellungen und der Maßgaben der Planungsfunktion regelmäßig zu prüfen, ob weiterhin der richtige, auf die Ziele ausgerichtete Weg beschritten wird.

Zu 4. Koordination[7]

Bei der Koordinationsaufgabe des Controllings geht es darum, die unterschiedlichen Teilbereiche des Führungskräftehandelns, die Funktionen Planung, Organisation, Personaleinsatz und Personalführung, miteinander zu vernetzen und hinsichtlich ihrer Ausführung zu koordinieren. Dies ist insbesondere dann erforderlich, wenn einzelne Entscheidungen eine gewisse Gegenläufigkeit aufweisen, die systembedingt aber nicht anders umzusetzen wäre.

Zu 5. Rationalitätssicherung

Die Rationalitätssicherungsaufgabe des Controllings fokussiert auf den Faktor Mensch mit seinen begrenzten Möglichkeiten, zu entscheiden und Wissen bzw. Informationen zu verarbeiten, oder auf eventuelles opportunistisches Verhalten. Im Rahmen dieses Aufgabenbereiches sollen die eigenen getroffenen Entscheidungen, aber insbesondere auch die zukünftigen in allen Bereichen der Führungskräfteaufgaben kritisch aus unterschiedlichen Blickwinkeln betrachtet werden. Maßstab sollte sein, dabei zu hinterfragen, ob das jeweilige Entscheidungsverhalten rational zu sein scheint. Die niemals aufzulösende Unkenntnis und der Mangel, alle Informationen in Entscheidungen einbeziehen zu können, werden dadurch zumindest im Ansatz hinterfragt und Optimierungspotenziale können sichtbar werden. Mittels computergestützter Techniken sind diese Rationalisierungsaufgaben heutzutage teilweise noch besser abzubilden. Weitere Einzelheiten dazu finden sich in Abschn. 7.2.

In allen fünf Aufgabenbereichen kann mit einer einfachen Faustformel auf das sogenannte operative und strategische Controlling abgezielt werden. Beim strategischen Controlling-Blickwinkel richtet sich die Gestaltung der fünf Aufgabenbereiche, darauf, dass vorrangig Effektivitätsfragen betrachtet werden. Das heißt zu untersuchen, ob die richtigen Dinge getan werden („doing the right things"). Bei einer Betrachtung aus der Sicht des operativen Controllings wird vorrangig auf Effizienzfragen abgezielt. Es wird in den fünf Aufgabenbereichen der Blickwinkel darauf gerichtet, ob die Dinge richtig getan werden („doing the things right") (vgl. etwa Schreyögg & Koch, 2020, S. 49 und 307; Hammer, 2011, S. 61; Germer, 2020, S. 94–95; vgl. auch Steinmann et al. 2013, S. 249 und 356). Auch diese beiden Begrifflichkeiten sind mit Vorsicht zu genießen, da sie wie die Controlling-Funktion durchaus mit unterschiedlichem Begriffsverständnis belegt sein können. Für die Praxisanwendung kann diese Faustformel unabhängig von den beiden Begriffen strategisches und operatives Controlling aber sinnvoll eingesetzt werden.

---

[7]Aufmerksamkeit ist geboten bei der Abgrenzung des Begriffs der Koordination im Rahmen der hier beschriebenen Aufgaben sowie der Koordinationsaufgaben im Rahmen der Managementfunktion Organisation, dort anstelle von Koordination besser als Integration zu bezeichnen (siehe hierzu Abschn. 3.1.2).

Um die beschriebenen Aufgabenbereiche des Controllings erfolgreich wahrzunehmen, gibt es eine ganze Vielzahl an Instrumenten. Davon sind einige besonders gut für einen Einsatz in der öffentlichen Verwaltung geeignet, andere sind weniger brauchbar.[8]

Wichtig bei dem Einsatz von Instrumenten in der Praxis ist es, die vorgenannten Aufgabenfelder im Blick zu behalten, um erfolgreich innerhalb der Führungskräfteaufgaben zu agieren. Es müssen dabei nicht mit jedem Instrument alle der fünf Aufgabenbereiche stets abgedeckt werden. Wichtig ist es vielmehr, im Bewusstsein aller Aufgabenbereiche für sich eine Entscheidung zu treffen, worauf der Fokus liegen sollte, und dabei nichts Essenzielles zu vergessen. Auch hier hilft der Anwendungstipp, dass eine gezielte Auswahl an Erfolg versprechenden Instrumenten zielführender ist als ein großes Sammelsurium aller möglichen Instrumente. Eine gut getroffene Auswahl sollte daher vorgehen. Dies erscheint besonders schwierig, blickt man auf die zahlreichen Ideen und Veröffentlichungen zu Praxiseinsätzen in Fachzeitschriften oder sogar in der Presse, da die Ideenvielfalt schier unermesslich zu sein scheint. Darüber hinaus ist zu berücksichtigen, dass sich situations- und anlassbezogen unterschiedliche Instrumente mehr oder weniger eignen können. Manchmal ist die Anwendbarkeit von Instrumenten auch von einem Organisationsbereich zu einem anderen oder einer Organisationseinheit zu einer anderen unterschiedlich und abhängig vom Anwendungsfall (vgl. Germer, 2020, S. 95).

7.2 Wichtige Instrumente und Praxistipps

Balanced Scorecard
Die Balanced Scorecard ist eine Form eines Kennzahlensystems (siehe hierzu die Ausführungen zu Kennzahlensystemen unter Abschn. 7.2). Die Balanced Scorecard wird hier beschrieben, da sie auch im Kontext der öffentlichen Verwaltung in den zurückliegenden Jahrzehnten immer wieder mal auftaucht.

Die Balanced Scorecard stellt eine auf die Organisationsziele abgestimmte, ausgewogene Zusammenstellung von Kennzahlen dar. Sie soll über eine rein finanzielle Kennzahlenzusammenstellung hinausgehen. Dazu werden weitere Kennzahlen gebildet, welche Kunden und deren Zufriedenheit, Know-how von Mitarbeitenden und Effizienz

---

[8] Wie ich in früheren Veröffentlichungen erläutere (Germer 2021, S. 148; Germer, 2020, S. 68–69), finden sich häufig in der Literatur unter den Controlling-Instrumenten auch klassische Planungsinstrumente. Dies ist dort oftmals auf eine unscharfe Trennung der Begrifflichkeiten Planung und Controlling zurückzuführen und hat nichts damit zu tun, dass Instrumente einen Beitrag zu mehreren Managementfunktionen leisten können (vgl. zum Beispiel Jung (2007, S. 271 ff.) oder Fiedler und Gräf (2012, S. 25 ff. sowie S. 95 ff.); Tauberger (2008, S. 22 ff.); Horváth (2004, S. 370); Pietsch und Scherm (2004, S. 547); Weber (2004, Sp. 155–156).

interner Prozessabläufe abbilden sollen. Hierbei werden finanzielle Kennzahlen durch nichtfinanzielle Größen, wie zum Beispiel Kundenzufriedenheit, ergänzt.[9]

Praxistipp
An der Beschreibung der Balanced Scorecard wird bereits deutlich, wie komplex es ist, die unterschiedlichen Kennzahlen sinnvoll zu erheben. Für einzelne Teilbereiche in öffentlichen Verwaltungsorganisationen mag dies sicherlich ein sehr sinnvolles Instrument sein, flächendeckende organisationsweite Einsatzmöglichkeiten kommen für dieses Kennzahlensystem aber eher nicht infrage.

Benchmarking

Unter Benchmarking wird ein systematischer Vergleich von zum Beispiel Produkten oder Dienstleistungen zwischen mehreren Bereichen oder Organisationen verstanden. Benchmarking wird gelegentlich auch als „Lernen von den Besten" oder „Best Practice" bezeichnet (vgl. Germer, 2021, S. 150; Robbins et al., 2014, S. 280). Um erfolgreiches Benchmarking zu betreiben, wird nach Organisationen gesucht, die in einem gewünschten Vergleichsobjekt, wie zum Beispiel in Effizienz, Effektivität, Qualität, Prozessen oder Strukturen, bestmögliche Ergebnisse oder Leistungen vorweisen und Raum für Verbesserungspotenziale der eigenen Organisation aufzeigen können (sogenannte Best-Practice-Vergleiche). Die bei diesen Vergleichen festgestellten Erkenntnisse sollen Anpassungsbedarf und Verbesserungsmöglichkeiten in der eigenen Organisation aufzeigen.[10]

Praxistipp
Anders als in der Privatwirtschaft können die unterschiedlichen Gegebenheiten von öffentlichen Verwaltungsorganisationen manchmal so stark voneinander abweichen, dass ohne deren Berücksichtigung die Durchführung eines Benchmarkingprozesses keine übertragbaren Erkenntnisse liefern würde. Es sind daher genauestens die Umstände der Vergleichsobjekte zu eruieren, um tatsächliches Verbesserungspotenzial am Ende eines Vergleichs feststellen und vor allem erfolgreich in die eigene Organisation implementieren zu können. Aktuelle

---

[9]Vgl. Kaplan und Norton (1996, S. 44); Ahn (2003, S. 120 ff.); Ahn (2005, S. 122 ff.); Robbins et al. (2014, S. 278); vgl. auch Weber und Schäffer (2000, S. 3 ff.); Geyer (2013, S. 189); Germer (2020, S. 96) unter Bezugnahme auf Weber und Schäffer (2000, S. 7–8); vgl. auch Zdrowomyslaw und Kasch (2002, S. 98); Jahn (2001, S. 245); Mellewigt und Decker (2006, S. 63).

[10]Vgl. Germer (2021, S. 150); Germer (2020, S. 97); Vollmuth (2008, S. 243 ff.); Jung (2007, S. 311 ff.); Robbins et al. (2014, S. 280); Preißler (2007 S. 281); vgl. auch Fiedler und Gräf (2012, S. 262 ff.); Götze (2010, S. 335); Zdrowomyslaw und Kasch (2002, S. 144).

Untersuchungen belegen, dass es wenig Fälle gibt, bei denen Benchmarking oder sogenannte Vergleichsringe zwischen unterschiedlichen Behörden erfolgreich eingesetzt werden (Jethon & Reichard, 2022, S. 105). Dies zeigt, wie wichtig es in der öffentlichen Verwaltung ist, konkret darauf zu achten, welche Elemente, seien sie auch kleinerer Natur, generell eine Vergleichbarkeit ermöglichen. Es wird daher dazu geraten, stets nicht zu groß zu denken bei der Festlegung von Vergleichsmerkmalen, sondern ausgewählte Spezifika, die einen optimalen Vergleich ermöglichen, heranzuziehen.

Berichtswesen

Das Berichtswesen oder Reporting soll eine Verknüpfung zwischen den Orten der Informationsentstehung innerhalb von Organisationen und den Orten der Informationsverwendung ermöglichen (vgl. Jung, 2007, S. 141). Informationssichtung, -sammlung, -auswertung, eventuell -komprimierung und -aufbereitung erfolgen im Rahmen des Berichtswesens und münden in einem in der Regel standardisierten Berichtsformular für Führungskräfte und Entscheider (vgl. Jung, 2007, S. 141–142; Germer 2020, S. 96–9; Blohm 1973, Sp. 728; Horváth 2011, S. 240 ff.; vgl. auch Fiedler & Gräf, 2012, S. 327 ff.; Weißenberger, 2002, S. 390).

Praxistipp

In öffentlichen Verwaltungen gibt es oftmals eine Vielzahl an Möglichkeiten, Informationen und Entscheidungsgrundlagen über die Hierarchiekette einem Entscheidungsprozess zuzuführen. Insbesondere Prinzipen wie die Aktenmäßigkeit von Vorgängen und die Standards der Verschriftlichung bieten dabei hervorragendes Potenzial zur Aufbereitung von Entscheidungsgrundlagen. Je größer eine Organisation jedoch ist, desto schwieriger wird es für höhere Hierarchieebenen, bei unterschiedlicher Entscheidungsvorbereitung bspw. Prioritäten zu setzen und Entscheidungen möglichst zügig zu treffen. Dies kann bereits an der unterschiedlichen Form der Entscheidungsvorbereitung liegen. Einheitliche Berichtswesenvorgaben können hier hilfreich sein, schnellere Entscheidungswege zu initiieren. Nichtsdestotrotz ist Vorsicht anzuraten, ein Berichtswesen ohne genauere Abwägung flächendeckend über eine gesamte Organisation auszubreiten. Ein solches Vorhaben kann, muss aber nicht sinnvoll sein (vgl. Germer, 2020, S. 203–204).

Best-Practice-Vergleich

Siehe Benchmarking unter Abschn. 7.2.

Budgetierung

Siehe hierzu Budgetierung unter Abschn. 2.2.

> **Praxistipp**
>
> Mithilfe des Planungsinstruments Budgetierung lassen sich Kennzahlen ermitteln, die über Abweichungen von Zielwerten informieren können. Im Rahmen von Führungsaufgaben ermöglichen diese Kennzahlen so eventuelle Maßnahmen zu einer Gegensteuerung (vgl. Germer 2021, S. 123, dort nach Germer, 2020, S. 96 unter Bezugnahme auf Robbins et al. 2014, S. 277; vgl. auch Jethon & Reichard, 2022, S. 97 ff.).

Kennzahlen

Als Kennzahlen werden miteinander verknüpfte Daten bezeichnet, die in konzentrierter Form auftreten und über einen in Zahlen ausgedrückten, quantitativ messbaren Sachverhalt informieren.[11] Kennzahlen sollen grundsätzlich eine effiziente erfolgs- und wertorientierte Steuerung von Organisationen mithilfe von wenigen zu erhebenden Zahlen ermöglichen und dabei unterstützen, kritische Entwicklungen rechtzeitig zu erkennen (Germer, 2021, S. 148; vgl. Germer, 2020, S. 96 unter Bezugnahme auf Weber et al., 2004, S. 84 ff.). Kennzahlen ermöglichen somit das Setzen von Maßstäben, sie erleichtern die Erfolgskontrolle, und Vergleiche inner- und außerhalb der Organisation werden möglich. Darüber hinaus bieten Kennzahlen eine erhebliche Komplexitätsreduktion an (vgl. Preißler, 1995, S. 103 ff.).

> **Praxistipp**
>
> Kennzahlen lassen sich in der Regel dort leicht erheben, wo finanzielle Werte eine Rolle spielen. Kennzahlen in anderen Zusammenhängen zu erheben, ist zumeist deutlich schwieriger. Da die Zielstruktur in der öffentlichen Verwaltung aber eine Vielzahl an unterschiedlichen Zielinhalten bereithält, wäre eine Beschränkung auf rein monetäre Ziele in der Regel eine viel zu starke Verkürzung. Nichtsdestotrotz finden sich in zahlreichen Organisationen der öffentlichen Verwaltungen immer häufiger Kennzahlen wieder (häufig in sogenannten produktorientierten Haushalten). Bei einer Kennzahl sollte immer darauf geachtet werden, dass nicht nur dort, wo eine Kennzahl erhoben wird, ein Verständnis von dieser besteht, sondern auch dort, wo die Kennzahl als Entscheidungsgrundlage herangezogen werden

---

[11] Vgl. bspw. Fischer et al. (2015, S. 342 ff.); Piontek (2005, S. 351); Preißler (2008, S. 11); Weber (2008, S. 237); Ossadnik (2003, S. 261); Preißler (2007, S. 138); Heinrich und Lehner (2005, S. 359); Stephan (2006, S. 8), vgl. auch Germer (2021, S. 148–149), Germer (2020, S. 96–97).

soll. Im Praxiskontext von produktorientierten Haushalten fällt auf, dass Entscheider oftmals nur zu den wenigsten Kennzahlen ein genaueres Verständnis haben (vgl. Germer, 2020, S. 206–208 sowie insbesondere S. 209; vgl. auch Jethon & Reichard, 2022, S. 104–105; Bogumil, 2022, S. 128; Blasweiler, 2022, S. 136–137; Nowak & Lorenz, 2022, S. 142–143; Seiwald et al., 2022, S. 118). Hier wäre kritisch zu hinterfragen, ob tatsächlich die richtigen Kennzahlen oder eine viel zu große Menge an Kennzahlen erhoben werden. Auch das grundsätzliche Verständnis und die Adressatenorientierung von Kennzahlen sollten kritisch hinterfragt werden. Empfehlungen zu einer flächendeckenden Einführung von Kennzahlen sollten daher umso kritischer hinterfragt werden.

Kennzahlen sollten immer wieder auf ihre Brauchbarkeit hin überprüft werden.

Kennzahlensysteme

Unter einem Kennzahlensysteme wird eine Zusammenstellung verschiedener Einzelkennzahlen verstanden, die in einer sinnvollen Beziehung zueinanderstehen, sodass sich die Einzelkennzahlen gegenseitig ergänzen und insgesamt über das System der Kennzahlen eine bessere Aussagekraft zum untersuchten Sachverhalt erreicht wird (vgl. Geyer, 2013, S. 42 ff.).[12]

Praxistipp

Da auf eine einzelne Kennzahl eine Vielzahl unterschiedlicher Faktoren einwirken können, liefert die Kennzahl mit ihrer Entwicklung zwar einen schnellen Überblick, lässt aber durch die komprimierte Darstellung keine Rückschlüsse auf die Entwicklung der einzelnen einwirkenden Faktoren zu. Mit der Verknüpfung oder Zusammenstellung mehrerer Kennzahlen zu einem Kennzahlensystem lässt sich dieser Nachteil reduzieren und die Aussagekraft erhöhen (vgl. Geyer, 2013, S. 46).

Im Zuge von New Work und Agilität findet in diesem Kontext bspw. der Begriff eines sogenannten Dashboards Eingang in die Diskussionen um die Einführung von neuen Instrumenten in der öffentlichen Verwaltung. Ein Dashboard ist letzten Endes nichts anderes als die Zusammenstellung wesentlicher Kennzahlen in einer Übersicht, ähnlich einem Amaturenbrett im Cockpit eines Autos. In einzelnen Fällen kann die Einführung dieses Instruments durchaus interessant sein, die Vor- und Nachteile im Zusammenhang mit Kennzahlen (wie zuvor beschrieben) sind aber von erheblicher Bedeutung für einen erfolgreichen Einsatz in der öffentlichen Verwaltung.

---

[12] Zu unterschiedlichen Ideen an Kennzahlensystemen vgl. bspw. Sandt (2004, S. 30 ff.).

Kosten- und Leistungsrechnung

Im Rahmen der sogenannten Kosten- und Leistungsrechnung werden Kosten, die bei der Erstellung von Verwaltungsprodukten und -dienstleistungen (Leistungen) anfallen, erhoben. Dabei werden auch sogenannte kalkulatorische Kosten wie Abschreibungen und Zinsen berücksichtigt, um einen ganzheitlichen Ressourcenverbrauch ermitteln zu können.[13]

Praxistipp

Im Zuge empirischer Erhebungen konnte festgestellt werden, dass zahlreiche Kosten- und Leistungsrechnungssysteme in öffentlichen Verwaltungsorganisationen nicht angemessen eingesetzt werden (vgl. Germer, 2020, S. 201 ff.). Hintergrund ist zumeist, dass zahlreiche Kosten erhoben werden, ein immenser interner Verrechnungsaufwand betrieben wird, aber am Ende des Prozesses weder ein tatsächlicher Nutzen des investierten Inputs entsteht, noch ein Mehrwert an entscheidungsverwertbaren Informationen vorliegt. Es ist daher dringend anzuraten, Kosten- und Leistungsrechnungssysteme auf eine zielorientierte Anwendbarkeit hin zu überprüfen und bei Verbesserungsbedarf nachzubessern oder gegebenenfalls über Abschaffungen nachzudenken. Auch hier gilt wieder, dass der Aufwand nicht gegenüber dem Nutzen überwiegen sollte. Zwar gibt es inzwischen teilweise rechtliche Vorgaben für einige Behörden, Kosten- und Leistungsrechnungen zu haben. Dennoch besteht auch dort dann sicher Optimierungspotenzial in der Anwendung. Hauptsächliche Kritikpunkte aus der Praxis der öffentlichen Verwaltung waren nicht hinreichendes Verständnis der erhobenen Zahlen und die große Masse, bei der nicht ersichtlich war, warum sie so ausführlich erhoben werden musste.

Prozesskostenrechnung

Eine Prozesskostenrechnung bezeichnet ein System, bei dem der Fokus auf dem gesamten Ablauf (Prozess) der Erstellung eines Produktes bzw. einer Dienstleistung liegt. Hintergrund ist, dass Kosten möglichst allumfassend erfasst werden sollen. Es sollen auch die sogenannten Gemeinkosten, die Produkten und Dienstleistungen nur indirekt zuzurechnen sind, miterfasst werden.[14] Hauptziel der Prozesskostenrechnung

---

[13]Vgl. Bundesministerium des Innern und für Heimat und Bundesverwaltungsamt (2022). Im Internet abrufbar unter:
    https://www.orghandbuch.de/OHB/DE/Organisationshandbuch/7_Management/78_KLR/klr_inhalt.html (zuletzt abgerufen am 29.07.2022).

[14]Vgl. Jung (2007, S. 93–94); Fiedler und Gräf (2012, S. 293 ff.); Vollmuth (2008, S. 375); Brühl (2004, S. 129–130); Stelling (2005, S. 130 und 152); Preißler (2007, S. 173); Knyphausen-Aufseß (1997, S. 378).

ist damit eine verursachungsgerechte Kostenverrechnung zwischen unterschiedlichen Organisationsbereichen und damit höhere Kostentransparenz.[15]

Eine Prozesskostenrechnung setzt die Feststellung von Prozessen voraus (vgl. Germer, 2020, S. 98).

Praxistipp

Das System der Prozesskostenrechnung steht und fällt mit einer erfolgreichen Prozessbeschreibung. Sofern in einer Organisation oder in Teilbereichen vorrangig kreativ-gestalterisch und dispositiv gearbeitet wird, wird die Prozessbeschreibung in der Regel ungleich schwerer ausfallen als in Bereichen, die eine zügige und einfache Prozessbeschreibung ermöglichen. Aufwand und Nutzen stehen hier regelmäßig in keinem Verhältnis und eine Erhebung würde schlichtweg einen hohen Verbrauch personeller Ressourcen nach sich ziehen (vgl. Germer, 2021, S. 151). In anderen Teilbereichen, in denen sich Prozesse mit weniger Aufwand beschreiben lassen, macht eine Prozesskostenrechnung durchaus Sinn. Allerdings ist bei der Ermittlung von Gemeinkosten – sofern nur Teilbereiche der Organisation Berücksichtigung finden – regelmäßig eine Lücke in der Kostenentstehung festzustellen, die ohne vollständige Prozessermittlung und Verteilung auf alle kostenverursachenden Organisationseinheiten nicht umfassend dargestellt ist.

Vergleichsringe

Siehe Benchmarking unter Abschn. 7.2.

7.3   Lessons Learned

In diesem Kapitel zum Handlungsfeld des Controllings wurden die Aufgaben, die Führungskräfte im Rahmen der Managementfunktion Controlling wahrnehmen können, erläutert. Die wichtigen Aufgaben, die identifiziert werden können, lauten Informationsversorgung und -bewertung, Kontrolle, Abstimmung zwischen Planung und Kontrolle, Koordination und Rationalitätssicherung.

Wichtige Kernbotschaften in diesem Handlungsfeld zum Controlling durch Führungskräfte sind die folgenden:

---

[15]Vgl. Germer (2020, S. 98); Jung (2007, S. 95 ff.); Vollmuth (2008, S. 376 ff.); Barth und Barth (2008, S. 314 ff.); Stelling (2005, S. 130); Fandel et al. (2004, S. 391 ff.); Horváth (2011, S. 482 ff.).

- Controlling hilft Führungskräften dabei, hinsichtlich einer gewünschten Ziel-
  erreichung auf Kurs zu bleiben und frühzeitig Abweichungen zu erkennen.
- Controlling soll dabei helfen zu prüfen, ob Effektivität (Zielerreichung) und Effizienz
  (Ressourceneinsatz zur Zielerreichung) eingehalten werden.
- Für eine Rationalitätssicherung und ein effektives Controlling sind Informationen
  zu erheben. Dies bedingt eine Auswahl, die bereits eine Informationsverkürzung
  beinhaltet.
- Informationen, die durch Dritte erhoben wurden, können Einflüssen unterliegen (siehe
  Abschn. 6.1 zu Interessen und Stakeholdern).
- Controlling-Aufgaben beziehen sich auf alle Handlungsfelder von Führungskräften.
  Je nach Bedarf können Controlling-Aufgaben entsprechend tiefer oder weniger tief in
  diesen Bereichen ausgeübt werden.
- Rationales Verhalten ist nie zu 100 % möglich. Kritisches Hinterfragen auf Rationali-
  tät sollte daher stets erlaubt sein im Rahmen von Controlling.
- Es können im Rahmen von Entscheidungen oder Aufgabenerledigungen sowohl
  fehlendes rationales Verhalten als auch bewusst opportunistisches Verhalten auftreten,
  die im Rahmen von Controlling aufgedeckt werden können.
- Controlling kann dabei helfen, die unterschiedlichen Handlungsbereiche einer
  Führungskraft kritisch zu vernetzen, vor allem wenn in unterschiedlichen Handlungsbereichen durch eine Maßnahme oder Entscheidung gegenläufige Ergebnisse eintreten
  könnten. Controlling hilft hier bei einer Priorisierung.

Literatur

Ahn, H. (2003). *Effektivitäts- und Effizienzsicherung: Controlling-Konzept und Balanced
    Scorecard.* Lang.
Ahn, H. (2005). Möglichkeiten und Grenzen der Balanced Scorecard. *WiSt – Wirtschaftswissen-
    schaftliches Studium, 3*(34), 122–127.
Ahn, H., & Dyckhoff, H. (2004). Zum Kern des Controlling: Von der Rationalitätssicherung zur
    Effektivitäts- und Effizienzsicherung. In E. Scherm & G. Pietsch (Hrsg.), *Controlling: Theorien
    und Konzeptionen* (S. 501–529). Vahlen.
Barth, T., & Barth, D. (2008). *Controlling* (2. Aufl.). Oldenbourg.
Blasweiler, K.-H. (2022). Beziehungsstatus: Es ist kompliziert. Persönliche Anmerkungen zum
    Umsetzungsstand des NKF in NRW. In: Verwaltung und Management. *Zeitschrift für moderne
    Verwaltung, 3*(28), 132–137.
Blohm, H. (1973). Informationswesen. In E. Grochla (Hrsg.), *Handwörterbuch der Organisation*
    (S. 727–734). Schäffer-Poeschel.
Bogumil, J. (2022). Outputorientierte Steuerung im kommunalen Haushalt – ein jahrzehntelanges
    Missverständnis! Ein Kommentar. In: Verwaltung und Management. *Zeitschrift für moderne
    Verwaltung, 3*(28), 128–131.
Bundesministerium des Innern und für Heimat/Bundesverwaltungsamt. (2022). https://www.
    orghandbuch.de/OHB/DE/Organisationshandbuch/7_Management/78_KLR/klr_inhalt.html.
    Zugegriffen: 29. Juli 2022.

Brühl, R. (2004). *Controlling: Grundlagen des Erfolgscontrollings.* Oldenbourg.

Dyckhoff, H., & Ahn, H. (2002). Kernaufgaben des Controlling – Grundlegende Anmerkungen im Hinblick auf die Sicherstellung der Effektivität und Effizienz. In J. Weber & B. Hirsch (Hrsg.), *Controlling als akademische Disziplin: Eine Bestandsaufnahme.* In J. Weber (Hrsg.), *Schriften des Center for Controlling & Management (CCM)* (Bd. 7, S. 113–122). Deutscher Universitäts-Verlag/Gabler Edition Wissenschaft.

Fandel, G., et al. (2004). *Kostenrechnung* (2. Aufl.). Springer.

Fiedler, R., & Gräf, J. (2012). *Einführung in das Controlling. Methoden, Instrumente und IT-Unterstützung* (3. Aufl.) Oldenbourg.

Fischer, D. (2009). *Controlling: balanced scorecard, Kennzahlen, Prozess- und Risikomanagement.* Vahlen.

Fischer, T. M., Möller, K., & Schultze, W. (2015). *Controlling: Grundlagen, Instrumente und Entwicklungsperspektiven* (2. Aufl.). Schäffer Poeschel.

Germer, K. T. (2020). *Management in der öffentlichen Verwaltung – eine empirische Analyse auf Leitungsbasis.* Tectum.

Germer, K. T. (2021). *Erfolgreiches Verwaltungsmanagement: Grundlagen für Führungskräfte in der öffentlichen Verwaltung.* Springer Gabler.

Geyer, H. (2013). *Praxiswissen BWL: Crashkurs für Führungskräfte und Quereinsteiger, Haufe Verlag* (2. Aufl.). Freiburg.

Götze, U. (2010). *Kostenrechnung und Kostenmanagement* (5. Aufl.). Springer.

Hammer, R. (2011). *Planung und Führung* (8. Aufl.). Oldenbourg.

Heinrich, Lutz J., & Lehner, F. (2005). *Informationsmanagement. Planung, Überwachung und Steuerung der Informationsinfrastruktur* (8. Aufl.). Oldenbourg.

Horváth, P. (2004). Zukunftsperspektiven der koordinationsorientierten Controllingkonzeptionen. In E. Scherm & G. Pietsch (Hrsg.), *Controlling: Theorien und Konzeptionen* (S. 367–386). Vahlen.

Horváth, P. (2011). *Controlling* (12. Aufl.). Vahlen.

Jahn, D. (2001). *Prozessorientiertes Reorganisationscontrolling: Entwicklung eines Kennzahlensystems zur Führungsunterstützung.* Deutscher Universitäts-Verlag/Gabler Edition Wissenschaft.

Jethon, A., & Reichard, C. (2022). Ziele und Kennzahlen im Produkthaushalt: Weiter wie bisher? Problemlagen und Perspektiven ergebnisorientierter Steuerung. *Verwaltung und Management. Zeitschrift für moderne Verwaltung, 3*(28), 97–144.

Jung, H. (2007). *Controlling* (2. Aufl.). Oldenbourg.

Kaplan, R. S., & Norton, D. P. (1996). *The balanced scorecard: Translating strategy into action.* Harvard Business Review Press.

Kieser, A., & Kubicek, H. (1992). *Organisation* (3. Aufl.). Schäffer-Poeschel.

Knyphausen-Aufseß, D. (1997). Organisation als Erfolgspotenzial – Ansätze zu einem „Organisationscontrolling". *Zeitschrift für Planung, 8*(4), 375–394.

Küpper, H.-U., et al. (2013). *Controlling: Konzeption, Aufgaben, Instrumente* (6. Aufl.). Schäffer-Poeschel.

Markus, H., & Meuche, T. (2022). Auf dem Weg zur digitalen Verwaltung. Ein ganzheitliches Konzept für eine gelingende Digitalisierung in der öffentlichen Verwaltung. In *Edition Innovative Verwaltung.* Springer Gabler.

Mellewigt, T., & Decker, C. (2006). Messung des Organisationserfolgs. In A. Werder, H. Stöber, & J. Grundei (Hrsg.), *Organisations-Controlling – Konzepte und Praxisbeispiele* (S. 51–82). Gabler.

Nowak, K., & Lorenz, K. (2022). Generationengerechtigkeit als Steuerungsziel – dargestellt am Beispiel des Landes Hessen. *Verwaltung und Management. Zeitschrift für moderne Verwaltung, 3*(28), 138–144.

von der Oelsnitz, D., & Tacke, O. (2009). Der WEA-Ansatz als Instrument des strategischen Personalcontrollings. In D. Müller (Hrsg.), *Controlling für kleinere und mittlere Unternehmen* (S. 339–360). Oldenbourg.

Ossadnik, W. (2003). *Controlling. Aufgaben und Lösungshinweise* (3. Aufl.). Oldenbourg.

Pietsch, G. (2003). *Reflexionsorientiertes Controlling.* Konzeption und Gestaltung: Deutscher Universitäts-Verlag/Gabler Edition Wissenschaft.

Pietsch, G., & Scherm, E. (2004). Reflexionsorientiertes Controlling. In E. Scherm & G. Pietsch (Hrsg.), *Controlling: Theorien und Konzeptionen* (S. 529–553). Oldenbourg.

Pilz, G. (2017). *Controlling. Mit Aufgaben und Definitionen.* UVK, Konstanz.

Piontek, J. (2005). *Controlling* (3. Aufl.). Oldenbourg.

Preißler, P. R. (1995). *Controlling-Lexikon.* Oldenbourg.

Preißler, P. R. (2007). *Controlling. Lehrbuch und Intensivkurs* (13. Aufl.). Oldenbourg.

Preißler, P. R. (2008). *Betriebswirtschaftliche Kennzahlen: Formeln, Aussagekraft, Sollwerte, Ermittlungsintervalle.* Oldenbourg.

Robbins, S. P., Coulter, M., & Fischer, I. (2014). *Management. Grundlagen der Unternehmensführung* (12. Aufl.) Pearson Studium.

Sandt, J. (2004). Management mit Kennzahlen und Kennzahlensystemen: Bestandsaufnahme, Determinanten und Erfolgsauswirkungen. In J. Weber (Hrsg.), *Schriften des Center for Controlling & Management (CCM)* (Bd. 14). Springer Gabler.

Schaefer, S. (2008). *Controlling und Informationsmanagement in Strategischen Unternehmensnetzwerken.* Gabler.

Schäffer, U. (2002). Rationalitätssicherung der Führung und Controlleraufgaben. In J. Weber & B. Hirsch (Hrsg.), *Controlling als akademische Disziplin: Eine Bestandsaufnahme* (S. 99–111). Deutscher Universitäts-Verlag/Gabler Edition.

Schäffer, U., & Weber, J. (2001). Controlling als Rationalitätssicherung der Führung – Zum Stand unserer Forschung. In J. Weber & U. Schäffer (Hrsg.), *Rationalitätssicherung der Führung – Beiträge zu einer Theorie des Controlling* (S. 1–6). Deutscher Universitäts-Verlag/Gabler Edition Wissenschaft.

Scherm, E., & Pietsch, G. (Hrsg.). (2004). *Controlling: Theorien und Konzeptionen.* Vahlen.

Schmidberger, J. (1994). *Controlling für öffentliche Verwaltungen; Funktionen, Aufgabenfelder, Instrumente* (2. Aufl.). Gabler.

Schreyögg, G., & Koch, J. (2020). *Management. Grundlagen der Unternehmensführung. Konzepte – Funktionen – Fallstudien* (8. Aufl.). Springer Gabler.

Schwarz, R. (2002a). Controlling-Systeme: Eine Einführung in Grundlagen, Komponenten und Methoden des Controlling. In H. Albach (Hrsg.), *Die Wirtschaftswissenschaften.* Gaber, Wiesbaden.

Schwarz, R. (2002b). Entwicklungslinien der Controllingforschung. In J. Weber & B. Hirsch (Hrsg.), Controlling als akademische Disziplin: Eine Bestandsaufnahme (S. 3–19). Deutscher Universitäts-Verlag/Gabler Edition Wissenschaft.

Seiwald, J., Gschiel, P., & Polzer, T. (2022). Parlamentarische Diskussion über die Erreichung von Wirkungszielen in Österreich. Der Budgetausschuss als methodischer Sparringpartner und Wächter politischer Rechenschaftslegung. *Verwaltung und Management. Zeitschrift für moderne Verwaltung, 3*(28), 114–121.

Steinmann, H., Schreyögg, G., & Koch, J. (2013). *Management. Grundlagen der Unternehmensführung. Konzepte – Funktionen – Fallstudien* (7. Aufl.). Springer Gabler.

Stelling, J. N. (2005). *Kostenmanagement und Controlling* (2. Aufl.). Oldenbourg.

Stephan, J. (2006). *Finanzielle Kennzahlen für Industrie- und Handelsunternehmen. Eine wert- und risikoorientierte Perspektive*. Deutscher Universitäts-Verlag/Gabler Edition Wissenschaft.

Tauberger, A. (2008). *Controlling für die öffentliche Verwaltung*. Oldenbourg.

Vesper, O. (2013). *Controlling in den USA: Eine konzeptionelle Analyse aus deutscher Perspektive*. Kassel University Press.

Vollmuth, H. J. (2008). *Controllinginstrumente von A – Z: Die wichtigsten Werkzeuge zur Unternehmenssteuerung* (7. Aufl.). Haufe.

Weber, J. (2004). Controlling. In G. Schreyögg & A. v. Werder (Hrsg.), *Handwörterbuch Unternehmensführung und Organisation* (4. Aufl., Sp. 152–159). Schäffer Poeschel.

Weber, J. (Hrsg.) (2008). *Das Advanced-Controlling-Handbuch Volume 2: Richtungsweisende Konzepte, Steuerungssysteme und Instrumente*. Viley-VCH.

Weber, J., & Hirsch, B. (Hrsg.). (2002). *Controlling als akademische Disziplin: Eine Bestandsaufnahme*. Deutscher Universitäts-Verlag/Gabler Edition Wissenschaft.

Weber, J., & Schäffer, U. (2000). *Balanced Scorecard und Controlling: Implementierung – Nutzen für Manager und Controller – Erfahrungen in deutschen Unternehmen* (3. Aufl.). Gabler.

Weber, J., et al. (2004). *Wertorientierte Unternehmenssteuerung: Konzepte – Implementierung – Praxisstatements*. Gabler.

Weibler, J. (2004). Führung und Führungstheorien. In G. Schreyögg & A. v. Werder (Hrsg.), *Handwörterbuch Unternehmensführung und Organisation* (4. Aufl., Sp. 294–308). Schäffer-Poeschel.

Weibler, J. (2012). *Personalführung* (2. Aufl.). Vahlen.

Weißenberger, B. E. (2002). Controlling als Teilgebiet der Betriebswirtschaftslehre – Konzeptionelle Einordnung und Konsequenzen für Forschung und Lehre. In J. Weber & B. Hirsch (Hrsg.), *Controlling als akademische Disziplin: Eine Bestandsaufnahme* (S. 389–408). Deutscher Universitäts-Verlag/Gabler Edition Wissenschaft.

Werder, A. v., & Grundei, J. (2006). Konzeptionelle Grundlagen des Organisationscontrollings. In A. v. Werder, H. Stöber, & J. Grundei (Hrsg.), *Organisationscontrolling. Konzepte und Praxisbeispiele* (S. 15–50). Gabler.

Zdrowomyslaw, N., & Kasch, R. (2002). *Betriebsvergleiche und Benchmarking für die Managementpraxis: Unternehmensanalyse, Unternehmenstransparenz und Motivation durch Kenn- und Vergleichsgrößen*. Oldenbourg.

Entscheidungen – Bauch oder Kopf, Kopf oder Zahl

8

Zusammenfassung

In diesem Kapitel wird ein Blick auf das Thema Entscheidungen geworfen. Die Kernfrage für Führungskräfte ist oft: Wie lassen sich gute Entscheidungen treffen, wie kann überhaupt entschieden werden und welche Herausforderungen bringt die Verantwortung mit sich, Entscheidungen generell zu treffen? Die Fragestellung, wie wichtig das Treffen von Entscheidungen für Führungskräfte und Organisationen ist, wird dabei ebenso erläutert. Auch das Thema Fehlertoleranzen spielt eine bedeutende Rolle. Mithilfe der Erkenntnisse dieses Kapitels kann ein sicheres Gefühl dafür aufgebaut werden, wie man als Führungskraft erfolgreiches Entscheiden in den eigenen Arbeitsalltag einbaut.

8.1   Grundlagen für erfolgreiche Entscheidungen

8.1.1   Die Bedeutung von Entscheidungen

Die Auswahl der Kapitelüberschrift „Bauch oder Kopf, Kopf oder Zahl" zeigt bereits eine erste Herausforderung im Kontext von Entscheidungen. Es stellt sich die Frage, ob Entscheidungen stets bestens vorbereitet und mit Hintergrundinformationen belegt sein müssen (eine Anmerkung an dieser Stelle lautet, dass es ähnlich wie im Kapitel zur Planung beschrieben – vgl. Kap. 2 – unmöglich ist, über alle notwendigen Informationen für die bestmöglichen Entscheidungen zu verfügen bzw. diese zu verarbeiten). Alternativ ist daher die Frage erlaubt, wie viel Bauchgefühl in Entscheidungen einfließen darf.

Um die Beantwortung dieser beiden Fragestellungen wird es in diesem Kapitel gehen. Nach der Lektüre dieses Kapitels sollten Führungskräfte ein besseres Gefühl dafür

K. T. Germer, *Praxisleitfaden für Führungskräfte im öffentlichen Dienst,*
https://doi.org/10.1007/978-3-662-66679-1_8

bekommen, wie Entscheidungen, die zu erfolgreicheren Ergebnissen führen, getroffen werden können.

Bevor die Frage eines strukturierten Vorgehens – eines Entscheidungsplanes – in Abschn. 8.1.2 näher betrachtet wird, soll auf das Thema der Entscheidungsnotwendigkeit eingegangen werden. Dabei spielt auch die etwas herausfordernde Formulierung der Kapitelüberschrift eine Rolle, und es wird hinterfragt, ob nicht manchmal auch ein Münzwurf zu dem gleichen Ergebnis führt wie eine langwierig vorbereitete Entscheidung. In Abschn. 2.1.1 wird die Anekdote beschrieben, wie Aktienfonds gut und ohne ausführliches Hintergrundwissen erfolgreich gemanagt werden können. Auch dies legt den Schluss nahe, dass, zumindest bei Entscheidungen mit größerem Horizont, manchmal ein Münzwurf zwischen Alternativen helfen könnte und kein schlechteres Entscheidungsergebnis hervorbringt als ein umfassend und ausführlich vorbereitetes. Dass es nicht ganz so einfach ist, erschließt sich relativ leicht, aber bevor die Bedeutung des am Ende doch sehr wichtigen Bauchgefühls und einer erfolgreich vorbereiteten Entscheidung erläutert werden, ist ein Blick auf die grundsätzliche Erforderlichkeit des Treffens von Entscheidungen zu werfen.

Aus empirischen Forschungsergebnissen lässt sich sehr deutlich ableiten, dass das Treffen von Entscheidungen eine Grundanforderung für das Funktionieren von Organisationen ist. Regelmäßig sind Entscheidungen dabei mit gewisser Komplexität, einer erheblichen Menge an Informationsgrundlagen sowie diverser Einflussfaktoren verbunden (siehe hierzu auch Kap. 6 und 7). All dies kann auf die zu treffenden Entscheidungen von Führungskräften eine Wirkung erzeugen. Dazu kommt die begrenzte Rationalität des menschlichen Seins. Entscheidungsergebnisse können daher in der Überzahl nicht vorhergesagt werden, da sie von unzähligen externen und internen Faktoren abhängig sein können (vgl. Germer, 2021, S. 155–156, 2020, S. 253).

In der Theorie gibt es ein interessantes Konstrukt zur Erläuterung der Notwendigkeit von Entscheidungen. Dieses Modell geht auf Weick zurück und nennt sich „Enactment-Prozesse". Als Enactment-Prozess wird der Prozess der Konstruktion von Wirklichkeit durch Führungskräfte beschrieben, um die unendlichen Möglichkeiten der Nichtentscheidung aufzulösen. Folglich eine Selektion aus der Auswahl von vielen möglichen Alternativen. Die Theorie geht davon aus, dass Aktivität von Führungskräften im Sinne des Treffens von Entscheidungen der grundlegende Aspekt ist, um überhaupt Weichen zu stellen und Tatsachen (im Modell Wirklichkeit) zu schaffen. Erst diese Tatsachen ermöglichen weitere Handlungsalternativen und Entscheidungen. Die getroffenen Entscheidungen und daraus entstandenen Tatsachen sind stets auf Basis der vorliegenden Informationen und unter dem Gesichtspunkt der rationalen Möglichkeiten der Führungskräfte, die entscheiden, entstanden. In dem Modell entsteht daher eine große Subjektivität der Entscheidungsergebnisse (vgl. Weick, 1969, S. 64 ff.; von der Oelsnitz, 2017, S. 36 ff.; Ortmann et al., 1990, S. 67; vgl. auch Germer, 2021, S. 156; Germer, 2020, S. 253–254). Das in seiner Tiefe eher komplexe Modell ermöglicht dennoch einen Blick darauf, dass das Treffen von Entscheidungen überhaupt erst die Grundlage bildet für weitere Entscheidungen. Für Organisationen bedeutet dies, dass Führungskräfte mit ihren Entscheidungen den Raum füllen, der zur Erreichung der Organisationsziele erforderlich ist (vgl. Germer, 2021, S. 156, 2020, S. 254).

Als abschließende Überspitzung zu diesen Ausführungen sei noch ein Zitat von Weick im Kontext seines Modells angeführt:

> Action, when viewed retrospectively, clarifies what the organization is doing and what its projects may be. Inaction, viewed retrospectively, is more difficult to render meaningful […] (Weick, 1969, S. 107).

Weick nimmt somit an, dass eine chaotische Aktivität von Führungskräften manchmal besser sei als eine geordnete Inaktivität (Weick, 1969, S. 64 ff., 107; Germer, 2021, S. 156). Dies ist aber nicht als Empfehlung zu verstehen, chaotisch agierenden Führungskräften ein Argument zu liefern, ihre Arbeitsweise so fortzusetzen. Nicht übersehen werden darf in diesem Vergleich, dass das absolute Nichttätigwerden in Weicks Modell überhaupt keine Tatsachen ermöglicht, die weiteren Gestaltungsraum entstehen lassen. Es sollte daher berücksichtigt werden, dass chaotische Aktivität von Führungskräften zwar jeder Form von Inaktivität vorzuziehen ist, aber Aktivität, die Transparenz und Zielausrichtung beinhaltet, wiederum chaotischer Aktivität mehr als vorzuziehen ist (vgl. Germer, 2021, S. 156, 2020, S. 255).

Bedauerlicherweise finden sich gerade in der Praxis auch immer wieder Fälle, in denen Führungskräfte z. B. aus Unwissenheit, wegen Intransparenz (teils bewusst, teils unbewusst hierarchisch angelegt) oder sonstiger Gründe genauso kopflos handeln. Nach obigen Modell könnte die Feststellung getroffen werden, dass dies besser sei als Inaktivität, jedoch kann chaotisches Handeln auch weiteres chaotisches Handeln produzieren. Spannenderweise gibt es auch hierzu ein Modell, das sogenannte „Mülleimer-Modell" – Garbage Can Model (vgl. Cohen et al., 1989, S. 294 ff.). Das komplexe Modell geht ganz vereinfacht davon aus, dass Führungskräfte und Mitarbeitende teils aufgrund von intransparenten Zielstellungen und fehlender Rückführbarkeit ihrer Arbeitsabläufe auf die Gesamtorganisationsziele eigene Wege und Zielstellungen finden und dass beliebige Lösungsalternativen entwickelt werden, die zwar Probleme lösen, die aber keinen Beitrag zu den Gesamtorganisationszielen leisten (daher „Mülleimer-Modell"). Nichtsdestotrotz sind zahlreiche Führungskräfte und Beschäftigte intensiv mit Problemlösungen beschäftigt (was natürlich weder effizient noch in irgendeiner Form effektiv ist) (vgl. Cohen et al., 1989, S. 294 ff.; March & Olsen, 1989, S. 12 ff.; Ortmann et al., 1990, S. 70, 373; Germer, 2020, S. 25). Das sogenannte Parkinson'sche Gesetz nimmt weiterführend an, dass sich Menschen in Organisationen in ihren eigenen Aufgabengebieten gegenseitig mit selbstständig produzierter Mehrarbeit vollends beschäftigen können und damit die Arbeitsmasse stetig ansteigt, obwohl die eigentlich zu erledigende Menge an Arbeit, die für eine erfolgreiche Zielerreichung notwendig ist, nicht ansteigt (vgl. Parkinson, 1979, S. 1 ff.; Germer, 2020, S. 244–245; Kosiol, 1976, S. 109–110; vgl. auch Ule, 1960, S. 3 ff.). In „gut funktionierenden Mülleimer-Organisationen" und unter

Berücksichtigung des Parkinson'schen Gesetzes kann so eine Ausdehnung an Arbeit und Personal entstehen, die keinen weiteren Beitrag zu den Organisationszielen leistet.

Was ist nun aus diesen Modellen zu lernen: Entscheidungen sind notwendig und erforderlich, das ist mehr als deutlich geworden für den Führungskräftealltag. Entscheidungen sollten auf die Organisationsziele ausgerichtet werden, die Planungsfunktion hilft hierbei im Einzelnen weiter (siehe Kap. 2). Bei jeder Form von Entscheidung sollte genau im Blick behalten werden, was damit ausgelöst wird. Keine Entscheidung kann dabei stets perfekt sein, aber vor dem Hintergrund der Konsequenzen, besser gesagt Tatsachen, die durch Entscheidungen getroffen werden, muss eine gewisse Fehlertoleranz akzeptiert werden. Denn es existiert nun mal unauflösbar begrenzte Rationalität bei Führungskräften und Entscheidungen, und Entscheidungsabläufe sind stets durch subjektive Aspekte des Entscheiders gefärbt. Allein diese Erkenntnisse eröffnen aber bereits großes Potenzial für Reflexionsmöglichkeiten der eigenen Führungskräftehandlungen und Entscheidungsgestaltung (Germer, 2021, S. 157).

Fehlerkultur und Fehlertoleranz spielen hiernach also eine wichtige Rolle. Denn Stillstand sollte in der Regel noch vorrangiger vermieden werden als Fehlertoleranz (anzumerken ist für die öffentliche Verwaltung natürlich auch, dass es Grenzen der Fehlertoleranz gibt, z. B. wenn es um die Abwendung von Gefahren für Leib und Leben geht).

Dieses Spannungsfeld wird in dem Buch „Erfolgreiches Verwaltungsmanagement – Grundlagen für Führungskräfte in der öffentlichen Verwaltung" genauer betrachtet. Unter anderem wird folgendes Fazit dazu gezogen:

> …, da Organisationen der öffentlichen Verwaltung für das Gemeinwohl als oberstes Ziel und unter diesem Gesichtspunkt im Auftrag des Volkes nach Recht und Gesetz handeln. Das Spannungsfeld besteht, da das verfassungsrechtliche Gebot der Recht- und Gesetzmäßigkeit der Verwaltung, wie es in Artikel 20 Absatz 3 des deutschen Grundgesetzes definiert ist, dem Grunde nach zumindest bei der Umsetzung von Rechtsnormen, also im Kernbereich der Exekutive rechtmäßiges und mithin fehlerfreies Handeln fordert. Es verbleiben aber noch viele Handlungsbereiche der öffentlichen Verwaltung, insbesondere zum Beispiel bei internen Serviceleistungen und anderen Aufgaben und Leistungen im Produktportfolio öffentlicher Verwaltungen, bei denen dieser strenge Rechtsrahmen nicht besteht und eine gewisse Fehlertoleranz zu akzeptieren sein wird (Germer, 2021, S. 157).

Zahlreiche Praxisexperten aus der öffentlichen Verwaltung messen dem Thema Fehlerakzeptanz im Kontext von Entscheidungen eine enorm hohe Bedeutung bei (vgl. Germer, 2020, S. 240–241). Wichtig ist für Entscheidungen, im Hinterkopf zu behalten, dass die Mehrzahl von Fehlern regelmäßig korrigierbar ist oder Fehler zumindest neuen Handlungsraum schaffen, der Gestaltungspotenzial bietet.[1] Um im Anschluss nun

---

[1] Einen Blick auf das Thema Fehlerkultur in der öffentlichen Verwaltung werfen Markus und Meuche (2022, S. 155–157). Deutlich wird, dass dem Thema in der öffentlichen Verwaltung ein größerer Stellenwert einzuräumen sein wird.

einen Handlungsrahmen für erfolgreiches Entscheiden anzubieten, wird im folgenden Abschn. 8.1.2 ein kurzer Blick auf mögliche Szenarien der Entscheidungsgestaltung gelegt.

8.1.2 Das Treffen guter Entscheidungen

Entscheidungsfindung setzt die Fähigkeit, Möglichkeit und Notwendigkeit voraus, aus mehreren Alternativen auswählen zu können, das heißt eine Selektion zu treffen (vgl. Germer, 2021, S. 156, 2020, S. 253). Die grundsätzliche Erforderlichkeit von Selektion durch Führungskräfte, das heißt ein aktives Treffen von Entscheidungen, wurde im vorhergehenden Abschnitt zur Bedeutung von Entscheidungen mehr als deutlich (Abschn. 8.1.1).

In diesem Abschnitt sollen verschiedene Anregungen gegeben werden, an das Thema Entscheidungen entscheidungsfreudig und pragmatisch heranzugehen. Vorab ist anzumerken, dass sich zum Thema Entscheidungsselektion oder Entscheidungsfindung ebenfalls ganze Bücherregale füllen lassen (vgl. Germer, 2020, S. 101).[2] Der Beitrag dieses Abschnittes versucht daher, eine Idee zu vermitteln, wie erfolgreiche Entscheidungen praxisorientiert und pragmatisch getroffen werden können.

Ein ganz wichtiger Aspekt bei der Frage, wie Entscheidungen zu treffen sind, steht im Zusammenhang mit den zuvor beschriebenen Funktionen und Handlungsfeldern von Führungskräften. Denn wie bereits festgestellt wurde, spielen sich die meisten Führungskräfteentscheidungen in diesen Feldern ab (vgl. auch Germer, 2020, S. 100 oder Schreyögg & Koch, 2020, S. 8–9). Darüber hinaus gibt es weitere Entscheidungen im operativen Alltagsgeschäft (siehe hierzu unter anderem Kap. 9; vgl. auch Germer, 2020, S. 169–170). Wie meine empirischen Erkenntnisse zeigen, spielt sich aber der Großteil der Entscheidungen von Führungskräften in den Bereichen ab, die in diesem Buch in den vorhergehenden Kapiteln (Kap. 2 bis 7) beschrieben werden (vgl. Germer, 2020, S. 170).

Bei einem ausführlichen Blick auf die vorhergehenden Kapitel fällt auf, dass die Strukturierungsmöglichkeit, die für den Alltag durch das System bzw. die Handlungsfelder Planung, Organisation, Personaleinsatz, Personalführung und Controlling vorgestellt wird, für einen Großteil aller relevanten Handlungs- und damit Entscheidungsbereiche von Führungskräften die Möglichkeit zur Aufbereitung von Entscheidungsgrundlagen bereithält. Letzten Endes bilden die Hinweise der einzelnen Kapitel damit auch die Möglichkeit heraus, alle erforderlichen Informationen, die als Entscheidungsgrundlagen heranzuziehen sind, zusammenzustellen (vgl. auch Germer,

---

[2] Zur Entscheidungslehre vgl. bspw. Staehle et al., (1999, S. 518 ff. sowie S. 530 ff.); Vahs (2015, S. 35 ff.); vgl. auch Robbins et al. (2014, S. 164 ff.); Vahs und Schäfer-Kunz (2015, S. 47 ff.); Obermaier und Saliger (2013); Bamberg et al. (2012).

2020, S. 101; Robbins et al., 2014, S. 164; vgl. bspw. auch Staehle et al., 1999, S. 83–84).

Die für eine Entscheidungsselektion erforderlichen Grundlagen werden in den einzelnen Kapiteln dieses Buches bei den jeweiligen Handlungsfeldern verfügbar gemacht. Die wichtigsten Grundlagen dabei sind die Information und die Zielgerichtetheit auf die Organisation. Es ist auf dieser Basis und unter Kenntnis der Erforderlichkeit von Entscheidungsfreude, wie unter dem vorhergehenden Abschnitt (siehe Abschn. 8.1.1) erläutert, damit möglich, eine Vielzahl an Entscheidungsalternativen, die den Organisationszielen dienlich sein könnten, sichtbar zu machen. Die interessante Frage, die nach Betrachtung aller vorliegenden Informationen bleibt, lautet: Wie kann die richtige Entscheidung zwischen den sichtbaren Alternativen gefällt werden?

Hierzu bedarf es zuerst einer Bewertung der unterschiedlichen Alternative. Im Blickfeld der zuvor beschriebenen Erforderlichkeit von Fehlertoleranz und Notwendigkeit von Entscheidungsfreude kann und muss der Versuch unternommen werden, das Bestmögliche zur Erreichung der Organisationsziele zu entscheiden. Hierbei spielt neben der gedanklichen Gewichtung der vorliegenden Informationen auch das eingangs erwähnte Bauchgefühl eine Rolle.

Mit diesen zuvor angeführten Schritten ist im Prinzip jede Führungskraft bereits bestens auf das Treffen von Entscheidungen vorbereitet. Der Leitfaden, der sich auf Basis der vorhergehenden Kapitel aufbaut, führt den Leser und Anwender durch alle wesentlichen Entscheidungsaspekte, um letzten Endes eine gute gesamtorganisatorische Entscheidung zu treffen. Das heißt, bspw. eine organisatorische Entscheidung lässt sich auf Basis der in Kap. 3 beschriebenen Elemente und unter Zuhilfenahme der beschriebenen Instrumente abwägen und treffen. Was für die Führungskraft übrig bleibt, sofern die Schritte der einzelnen Handlungsfelder berücksichtigt werden, ist das aktive Treffenwollen von Entscheidungen, also eine gewisse Entscheidungsfreude sowie die Akzeptanz von Fehlertoleranzen.

Zum Thema Entscheidungsfreude sei der folgende Rat an die Hand gegeben: Eine Führungskraft, die auf die Elemente der vorgenannten Handlungsfelder achtet und im Sinne der Organisationsziele deren Ausrichtung abwägt, sollte sich gut vorbereitet fühlen, eine Entscheidung in diesen Handlungsfeldern zu treffen. Auch nach außen hin, hinsichtlich der Wirkung von Entscheidungen auf andere, bietet die Strukturierung, die dieses Buch in den einzelnen Handlungsfeldern bietet, gute Darstellungsmöglichkeiten und verhilft zur Sichtbarmachung von Transparenz.

Für diejenigen, die sich eine strukturierte Darstellung wünschen, um einen systematischen Entscheidungsablauf kennenzulernen, kann das im Folgenden dargestellte Beispiel herangezogen werden. Der Ansatz, der hier vorgeschlagen wird, beruht darauf, Entscheidungen systematisch vorzubereiten, aber abschließend stets auch auf das eigene innere Bauchgefühl zu achten, ob die Entscheidung eine gute Wahl sein wird. Das Thema Bauchgefühl an sich wird zum Abschluss dieses Kapitels noch einmal näher besprochen.

Die Bedeutung einer strukturiert gewählten Entscheidung wird deutlich, da durch ein nachvollziehbares Vorgehen auch immer für Außenstehende eine gewisse Akzeptanz und Verständnis aufgebaut werden können.

Einen Vorschlag zu einem allgemeinen strukturierten Vorgehen findet sich z. B. bei Pioch (2019, S. 31 ff.). Dieser unterteilt eine strukturierte Entscheidung in folgende Prozessschritte:

1. Ziele definieren
2. Optionen recherchieren
3. Kriterien vergeben
4. Gewichtungen vorsehen
5. Informationen und Wissen beschaffen
6. Intuition einfließen lassen
7. Entscheidungen treffen
8. Strategien berücksichtigen, um Entscheidungsfehler zu vermeiden

Anzumerken ist, dass die Reihenfolge keine zwingend aufeinander folgende Vorgehensweise darstellen muss. Die Schritte können durchaus parallel oder in unterschiedlicher Reihenfolge ablaufen.

Das Interessante auch bei diesem Prozessmodell ist, wie zuvor bereits erläutert, dass die meisten Schritte zur Entscheidungsfindung bereits im Rahmen der Managementfunktionen bzw. Handlungsfelder abgearbeitet wurden, sodass nur auf die entsprechenden Informationen zurückgegriffen werden muss. Nun ist jede Entscheidung für sich unterschiedlich und kann nicht nach dem gleichen Muster ablaufen. Daher wird dies als ein Musterprozess vorgestellt und hilft insbesondere dabei, abstrakt den Ablauf einer Entscheidung darzustellen. Notwendig ist die Kenntnis über solche Abläufe manchmal, um sich bewusst zu machen, an welcher Stelle eines Entscheidungsablaufes es eventuell hakt, oder sofern man für sich selbst oder für andere Prozessschritte von Entscheidungen erläutern oder transparent machen möchte.

Auch die Kenntnis über Entscheidungsfehler ist nicht uninteressant. Mit Entscheidungsfehlern sind in diesem Fall Fehler im Entscheidungsprozess gemeint und nicht in der Entscheidung an sich. Die Kenntnis über Entscheidungsfehler hilft gegebenenfalls, eigene Positionen zu überdenken oder zu reflektieren (eine Übersicht über die Vielzahl von Entscheidungsfehlern bietet ebenfalls Pioch an (vgl. Pioch, 2019, Tab. 5.2, S. 43–44). Ein Beispiel eines Entscheidungsfehlers aus dieser Zusammenstellung wäre z. B. das sogenannte Framing. Framing meint eine Beeinflussung des Entscheiders durch Stakeholder (vgl. hierzu auch Kap. 6).

Bewusst wird hier auf eine intensivere Bearbeitung der Vielzahl an möglichen Entscheidungsfehlern verzichtet, da unter Berücksichtigung der vorgenannten Ausführungen ein Fokus auf die Berücksichtigung des Erlernten aus den einzelnen Handlungsfeldern zu legen ist.

Einer der wichtigsten Tipps, die Pioch zu dem hier vorgestellten Entscheidungs-prozess gibt, lautet, Experten in Entscheidungsprozesse einzubeziehen (Pioch, 2019, S. 5). In den meisten Fällen besteht die Möglichkeit, jemanden hinzuzuziehen, der im spezi-fischen Entscheidungsfall Informationen besonders gut erfassen und bewerten kann. Diese Ressource, das Wissen von Beschäftigten, einzusetzen, ist ein Erfolgskriterium für gute Entscheidungen. Auch dieses Themenfeld wurde bereits in den vorangegangenen Kapiteln behandelt. Es ist essenziell als erfolgreiche Führungskraft, sich seiner qualifizierten Beschäftigten zu bedienen, um bestmögliche Entscheidungsvorbereitungen zu treffen. Auch hierbei sind die Elemente des Kapitels zu den Stakeholdern zu berücksichtigen (Kap. 6).

Abschließend soll noch kurz auf die Bedeutung von Bauchgefühl bei Entscheidungen eingegangen werden, da es wie auch im Beispiel des Entscheidungsprozesses von Pioch weiter oben von Bedeutung ist. Häufig ist die Entscheidungslage so komplex, dass es schwerfällt, eine „richtige" Entscheidung zu treffen. An dieser Stelle ist erneut darauf hinzuweisen, wie wichtig es ist, Entscheidungen zu treffen (siehe die Bedeutung von Entscheidungen Abschn. 8.1.1).

Vorab ist zu diesem Themenfeld anzumerken, dass Bauchgefühl ohne eine gute Ent-scheidungsvorbereitung wenig wert ist. Zumindest ist eine Entscheidung nur auf Basis von Bauchgefühl zumeist nicht viel besser als ein Münzwurf, vor allem wenn die Ent-scheidung im Anschluss Außenstehenden erklärt werden soll. Sofern aber die ent-sprechenden Handlungsfelder mit ihren Elementen gewissenhaft bei den anstehenden Entscheidungen berücksichtigt worden sind, kann oftmals der letzte Schritt zur Ent-scheidung mittels Bauchgefühl getroffen werden. Sozusagen der letzte Ruck in die eine oder andere Richtung kann durch ein intuitives Gefühl angestoßen werden. Bei guter Entscheidungsvorbereitung sollte zudem, wie zuvor erwähnt, auch immer eine gewisse Fehlertoleranz auftreten dürfen.[3] Zur Durchführung solcher Entscheidungs-vorbereitungen dienen einige Instrumente, die in jeden Werkzeugkasten von Führungs-kräften gehören, viele davon, die eine Entscheidungshilfe darstellen, wurden bereits in vorhergehenden Kapiteln besprochen (vgl. auch Germer, 2021, S. 154–155; Germer, 2020, S. 100). Im folgenden Abschn. 8.2 werden einige weitere, ergänzende Ent-scheidungshilfeinstrumente vorgestellt.

8.2 Wichtige Instrumente und Praxistipps

Brainstorming
Brainstorming ist eine Methode, bei der eine oder mehrere Personen nach bestimmten Regeln nach unterschiedlichen Lösungs- bzw. Entscheidungsalternativen suchen. Als grundsätzliche Regel gilt, dass keine Idee von vornherein schlecht ist. Anfangs kommt es

---

[3] Zum Thema Bauchgefühl bei Managemententscheidungen vgl. zum Beispiel Hildebrandt und Neumüller (2021, S. 1 ff.).

schlichtweg auf die Quantität unterschiedlicher Lösungsideen an, die gegebenenfalls im Rahmen der weiteren Gedankenspiele weiterentwickelt werden können. Sofern es sich um ein Gruppenbrainstorming handelt, kann es einen Moderator geben, der protokolliert, der die Gruppenmitglieder motiviert und den Gedankenfluss in Gang hält (Weber et al., 2000, S. 541).

> **Praxistipp**
> Brainstorming kann eine gute Möglichkeit sein, Alternativen auszuloten. Wie zuvor beschrieben, wird der Rahmen zumeist über die vordefinierten Handlungsfelder bzw. Managementfunktionen abgesteckt. Ein Brainstorming findet daher je nach Entscheidungskontext häufig innerhalb der Maßgaben und grundsätzlichen Zielorientierungen der einzelnen Handlungsfelder statt und kann dabei helfen, eine gute Entscheidung zu finden.
> Gruppenbrainstorming eignet sich meistens eher nicht, um Entscheidungen zu treffen, sondern eher um zahlreiche Entscheidungsalternativen vorzubereiten.

Perspektivenwechsel

Perspektivenwechsel als Instrument versucht, den Blick auf unterschiedliche Sichtweisen mit verschiedenen systematischen Methoden zu ermöglichen. Dies soll helfen, Denkbarrieren zu überwinden und neue Anregungen und Einsichten zu gewinnen. Ein Beispiel für solche systemischen Vorgehensweisen wäre die sogenannte Umkehrmethode, bei der Suchfragen in ihr Gegenteil verkehrt werden. Auch verschiedene Konzepte, bei denen gedanklich unterschiedliche Denkhüte aufzusetzen sind, werden für die praktische Anwendung vorgeschlagen. Hierbei soll mittels verschiedener Hüte, die man bildlich aufsetzt, ein neuer Blick durch eine andere Brille gewährleistet werden, um Entscheidungs- und Problemlösungsalternativen zu finden und zu bewerten. Die unterschiedlichen Sicht- und Denkweisen der verschiedenen Hüte sollen zu vielen neuen Perspektiven verhelfen (Schröder, 2022, S. 225).

> **Praxistipp**
> Der wichtigste Hinweis zu einem systematischen Vorgehen von Perspektivenwechseln ist, dass in der Praxis oftmals intuitiv Perspektiven durchgespielt werden, die systematische Aufbereitung und das Befolgen von Regeln aber dabei helfen können, einen gewissen Abstand von der Entscheidung oder einem Problem zu gewinnen, der erforderlich ist, um neutraler neue Sichtweisen zu akzeptieren oder zu erkennen. Auch unter Transparenzgesichtspunkten kann ein solches systematisches Vorgehen manchmal dabei helfen, Entscheidungsgrundlagen für Mitarbeitende oder andere Personen entsprechend zu transportieren und zu erklären.

Szenarioanalyse

Die Szenarioanalyse oder auch Szenariotechnik versucht, in einem bestimmten Handlungsfeld alle möglichen Entwicklungen vorherzusehen. Zwischen best- und schlechtmöglichsten Entwicklungen werden dabei eine Vielzahl möglicher Szenarien mit unterschiedlichen Eintrittswahrscheinlichkeiten und eventuellen Störfaktoren ermittelt. Die verschiedenen Szenarien sollen dabei helfen, einen Entscheidungskorridor zu bilden, in dem Abweichungen frühzeitig sichtbar werden, da sie gedanklich bereits vorab durchgespielt wurden (Mißler-Behr, 1993, S. 2–4).

> **Praxistipp**
> Szenarioanalysen sind insbesondere im Bereich der strategischen Planung ein wichtiges Instrument. Aber auch im Alltag bei Entscheidungen mit kurzfristigeren Eintrittswahrscheinlichkeiten kann es manchmal angebracht sein, verschiedene Szenarien zu definieren und durchzuspielen. Entscheidungsalternativen lassen sich so manchmal besser bewerten und auf Abweichungen hin reflektieren.

8.3   Lessons Learned

Dieses Kapitel beschäftigt sich mit dem Thema Entscheidungen. Entscheidungen fallen grundsätzlich in allen Handlungsfeldern von Führungskräften an, manchmal auch in weiteren Bereichen (wie zum Beispiel unter Kap. 9 beschrieben). Eine Erkenntnis dieses Kapitels ist es, wie wichtig das Treffen von Entscheidungen für Führungskräfte generell ist. Auch Fragen der Fehlerkultur werden angesprochen, und es wird im weiteren Verlauf beschrieben, wie Führungskräfte sich auf das Treffen guter Entscheidungen vorbereiten können.

Wichtige Kernbotschaften in diesem Aufgabenbereich, der alle anderen Handlungsbereiche von Führungskräften immens berührt, sind die folgenden:

- Entscheidungen müssen getroffen werden.
- Im Optimalfall sind alle Entscheidungen auf die Organisationsziele ausgerichtet.
- Fundierte, gut vorbereitete und schlüssig begründete Entscheidungen sind stets nicht fundierten Entscheidungen vorzuziehen. Aber bevor gar keine Entscheidung getroffen wird, kann eine weniger gut fundierte Entscheidung auch eine gute Wahl sein.
- Führungskräfteexperten sind sich einig, dass Entscheidungsfreude als Schlüsselqualifikation von Führungskräften in der öffentlichen Verwaltung zu stärken ist (vgl. auch Germer, 2020, S. 249).
- Fehler müssen passieren dürfen, da sie eine Dynamik in die Organisation bringen.
- Stillstand durch Nicht-Entscheidungen sollte in der Regel noch mehr vermieden werden als Fehlertoleranz.

- Aber Fehlertoleranz hat in der öffentlichen Verwaltung in bestimmten Rechts-bereichen Grenzen. Es gibt Bereiche, in denen keine Fehler passieren dürfen. Dies ist stets zu berücksichtigen.
- Entscheidungen und Entscheidungsabläufe sind stets durch subjektive Aspekte des Entscheiders gefärbt. Diese Erkenntnis eröffnet Potenzial für Reflexionsmöglich-keiten der eigenen Führungskräftehandlungen und Entscheidungsgestaltung.
- Die Strukturierungsmöglichkeit, die für den Alltag durch die Systematisierung der Handlungsfelder Planung, Organisation, Personaleinsatz, Personalführung und Controlling vorgestellt wird, bietet für einen Großteil aller relevanten Handlungs- und damit Entscheidungsbereiche von Führungskräften die Möglichkeit zur Auf-bereitung aller erforderlichen Entscheidungsgrundlagen. Das heißt, in der Regel sind alle erforderlichen Schritte für eine gute Entscheidung aus den einzelnen Handlungs-feldern bereits abzuleiten.
- Die Strukturierung von Entscheidungen entsprechend dem Praxisleitfaden dieses Buches verhilft zur Sichtbarmachung von Transparenz gegenüber anderen.
- Bauchgefühl und Intuition können den letzten wichtigen Ruck bei manchen Ent-scheidungsalternativen geben, sofern die Schritte davor zur gründlichen Ent-scheidungsvorbereitung im Rahmen der vorhandenen Entscheidungszeit so sorgsam wie möglich ausgeführt worden sind.

Literatur

Bamberg, G., Coenenberg, A. G., & Krapp, M. (2012). *Betriebswirtschaftliche Entscheidungslehre* (15. Aufl.). Vahlen.

Cohen, M. D., March, J. G., & Olsen, J. P. (1989). A garbage can model of organizational choice. In J. G. March (Hrsg.), *Decisions and organizations* (S. 294–334). Blackwell.

Germer, K. T. (2021). *Erfolgreiches Verwaltungsmanagement: Grundlagen für Führungskräfte in der öffentlichen Verwaltung.* Springer Gabler.

Germer, K. T. (2020). *Management in der öffentlichen Verwaltung – Eine empirische Analyse auf Leitungsbasis.* Tectum.

Hildebrandt, A., & Neumüller, W. (2021). *Bauchgefühl im Management: Die Rolle der Intuition in Wirtschaft, Gesellschaft und Sport.* Springer Gabler.

Kosiol, E. (1976). *Organisation der Unternehmung* (2. Aufl.). Springer Gabler.

March, J. G., & Olsen, J. P. (1989). *Rediscovering institutions: The organizational basis of politics.* Free Press.

Markus, H., & Meuche, T. (2022). *Auf dem Weg zur digitalen Verwaltung. Ein ganzheitliches Konzept für eine gelingende Digitalisierung in der öffentlichen Verwaltung.* In: Edition Innovative Verwaltung. Springer Gabler.

Mißler-Behr, M. (1993). *Methoden der Szenarioanalyse.* Springer.

Obermaier, R., & Saliger, E. (2013). *Betriebswirtschaftliche Entscheidungslehre. Einführung in die Logik individueller und kollektiver Entscheidungen* (6. Aufl.). Oldenbourg.

von der Oelsnitz, D. (2017). *Einführung in die systemische Personalführung* (2. Aufl.). Carl-Auer.

Ortmann, G., Windeler, A., Becker, A., & Schulz, H.-J. (1990). Computer und Macht in Organisationen. Mikropolitische Analysen. In Der Minister für Arbeit, Gesundheit und Soziales des Landes Nordrhein-Westfalen (Hrsg.), *Schriftenreihe Sozialverträgliche Technikgestaltung* (Bd. 15). Westdeutscher.

Parkinson, C. N. (1979). *Parkinson's law and other studies in administration*. Ballantine Books.

Pioch, S. (2019). *Quick Guide: Wissensbasiert entscheiden. Wie Sie strukturierte Entscheidungen treffen können*. Springer Gabler.

Robbins, S. P., Coulter, M., & Fischer, I. (2014). *Management. Grundlagen der Unternehmensführung* (12. Aufl.). Pearson Studium.

Schreyögg, G., & Koch, J. (2020). *Management. Grundlagen der Unternehmensführung. Konzepte – Funktionen – Fallstudien* (8. Aufl.). Springer Gabler.

Schröder, M. (2022). *Heureka, ich hab's gefunden! – Kreativitätstechniken, Problemlösung & Ideenfindung, Prof. Balzert-Stiftung* (2. Aufl.). Dortmund.

Staehle, W. H., Conrad, P., & Sydow, J. (1999). *Management: Eine verhaltenswissenschaftliche Perspektive* (8. Aufl.). Vahlen.

Ule, C. H. (1960). Parkinsons Gesetz und die Deutsche Verwaltung. *Schriftenreihe der Deutschen Gesellschaft e. V. Berlin, 21*(5), Berlin.

Vahs, D. (2015). *Organisation. Ein Lehr- und Managementhandbuch* (9. Aufl.). Schäffer-Poeschel.

Vahs, D., & Schäfer-Kunz, J. (2015). *Einführung in die Betriebswirtschaftslehre* (7. Aufl.). Schäffer-Poeschel.

Weber, J., Stein, von J. H., & Kleinaltenkamp, M. (2000). B. In T. Hadeler & E. Winter (Hrsg.), *Gabler Wirtschaftslexikon. Die ganze Welt der Wirtschaft: Betriebswirtschaft, Volkswirtschaft, Recht und Steuern* (15. Aufl., S. 313–608). Gabler.

Weick, K. E. (1969). *The social psychology of organizing*. Addinson-Wesley Publishing.

Operative Aufgaben, Außendarstellung, Networking, Verhandlungen

9

Zusammenfassung

In diesem Kapitel findet sich eine Zusammenstellung weiterer Aufgaben, die von Führungskräften wahrzunehmen sind und die das Gesamtbild des umfassenden Handlungsfeldes von Führungskräften in der öffentlichen Verwaltung abrunden soll. Im Einzelnen werden daher Aufgaben beschrieben, die unter Zugrundelegung empirischer Studien im Kontext des Managementrollenmodells nach Mintzberg identifiziert werden konnten und denen im Praxisalltag von Führungskräften ebenfalls eine gewisse Bedeutung zukommt. So werden Führungskräfteaufgaben und -rollen wie Außendarstellung und Repräsentation der eigenen Organisation, Verhandlungsführung und Networking inner- und außerhalb von Organisationen öffentlicher Verwaltungen genauer betrachtet.

9.1 Weitere Rollen und Tätigkeiten von Führungskräften

Wie eingangs unter Abschn. 1.1 erläutert wurde, finden sich bei den Aufgabenbereichen von Führungskräften neben den Tätigkeiten, die im Rahmen der Grundlagen der Managementfunktionen und ihren Handlungsfeldern identifiziert werden können und wie sie in den vorher genannten Kapiteln beschrieben wurden, auch weitere Tätigkeitsfelder, die in der Praxis auftauchen und die sich zum Beispiel gut anhand des Konzeptes der Managementrollen nach Mintzberg erläutern lassen (vgl. z. B. Germer, 2021, S. 103–106).

In praxisbezogenen empirischen Untersuchungen konnte festgestellt werden, dass die meisten Tätigkeiten von Führungskräften in die zuvor bereits beschriebenen Handlungsfelder Planung, Organisation, Personaleinsatz, Personalführung und Controlling sowie Entscheidungen innerhalb dieses Rahmens fallen. Gleichwohl gibt es weitere Tätigkeiten, die von Führungskräften wahrgenommen werden. Neben klassisch operativen Aufgaben, die immer wieder im Arbeitsalltag anfallen können, die aber per se keine Führungsaufgaben sind, können aus Expertensicht in der Praxis weitere wichtige Tätigkeiten von Führungskräften von Bedeutung sein.

Hierzu zählen insbesondere:

- Außendarstellung und Repräsentation der eigenen Organisation,
- Verhandlungsführung und
- Networking inner- und außerhalb von Organisationen öffentlicher Verwaltungen.[1]

Bevor im Einzelnen auf diese Tätigkeitsbereiche eingegangen wird, soll ein kurzer Blick auf den Anteil operativer Aufgaben gerichtet werden, die Führungskräfte auch manchmal wahrnehmen. Operative Aufgaben meint hier solche Aufgaben, die innerhalb der Organisationseinheiten als Fachaufgaben wahrgenommen werden, das heißt die konkrete fachliche Bearbeitung eines Vorgangs.[2] So kann es sein, dass der eigene Arbeitsplatz als Führungskraft von Grund auf so gestaltet ist, dass die Erledigung operativer Aufgaben stets einen Anteil der Aufgaben ausmacht. Andere Führungskräfte müssen in ihrer Arbeitseinheit Ausfälle von Beschäftigten kompensieren und übernehmen daher klassische Fachaufgaben, die keine Führungsaufgaben sind. So kann es unterschiedlichste Rahmenbedingungen geben, die dazu führen, dass ein gewisser Anteil von Fachaufgaben, die keine Führungsaufgaben sind, auch von Führungskräften wahrgenommen wird. Aus praktischer Sicht spricht nichts dagegen, solche operativen Aufgaben in die Tätigkeitsbereiche von Führungskräften zu integrieren. Beachtung ist hierbei aber insbesondere dem Punkt zu schenken, dass die Erledigung von Fachaufgaben zeitliche Ressourcen beansprucht, die dann nicht für Führungstätigkeiten zur Verfügung stehen. Auf der anderen Seite ist es von Bedeutung, dass Führungskräfte, die für ihre Beschäftigten einspringen können, von sich aus schwierige Aufgaben übernehmen oder zeigen, dass sie die fachliche Aufgabenbearbeitung in manchen Fällen ebenfalls übernehmen können und wollen, entsprechende Signale senden, die von Beschäftigten in der Regel mit einer positiven Wahrnehmung der Person der Führungskraft assoziiert werden. Die Übernahme solcher Aufgaben in adäquatem Rahmen kann daher durchaus dabei helfen, seinen persönlichen Führungsstil entsprechend zu gestalten.

Im Folgenden werden die zuvor angeführten weiteren Tätigkeitsfelder Außendarstellung und Repräsentation, Verhandlungsführung und Networking erläutert, die regelmäßig als Führungskraft ausgeübt werden.

---

[1] Vgl. Germer (2020, S. 168). Dort wird unter den Erläuterungen zu Abbildung 30 dargestellt, welche weiteren Management- bzw. Führungskräfteaufgaben befragte Führungskräfte in der Praxis neben den Managementfunktionen wahrnehmen (vgl. Germer, 2020, S. 168–169).

[2] Hofbauer und Kauer (2014, S. 10).

Eine klassische und häufig wahrgenommene Aufgabe von Führungskräften ist die Außendarstellung und Repräsentation der eigenen Organisation.[3] Das Interessante bei diesem Tätigkeitsfeld von Führungskräften ist, dass es sich häufig aus einem oder mehreren der in den vorhergehenden Kapiteln beschriebenen Handlungsfeldern speist.[4] Die Informationen oder Erkenntnisse der Handlungsfelder sowie teilweise auch einige Ergebnisse aus Facharbeit stellen die nach außen zu transportierenden Informationen dar. Dies gilt sowohl im Rahmen von aktiver Öffentlichkeitsarbeit als auch bei Presseanfragen. Aber auch und insbesondere für die Repräsentation der Organisation ist dieser Bereich von Bedeutung. Vornehmlich im Hinblick auf die unter Abschn. 4.1 zum Personal beschriebenen Erfordernisse, gutes Personal zu akquirieren und an die Organisation zu binden, ist es erforderlich, eine entsprechende Repräsentation nach außen zu haben.

Eine wichtige Anmerkung zu diesen Tätigkeiten ist aber auch, dass sie nicht zwingend nur von Führungspersonal wahrgenommen werden müssen. Insbesondere für Repräsentationsaufgaben nach außen und Presse- sowie Öffentlichkeitsarbeit finden sich in der Regel in Organisationen der öffentlichen Verwaltung Pressesprecher, Pressestellen oder Organisationseinheiten für Öffentlichkeitsarbeit. Insbesondere für höhere Führungskräfte, etwa des Top-Managements, wächst die Bedeutung dieser Tätigkeiten.

Eine weitere für Führungskräfte bedeutsame Tätigkeit ist regelmäßig das Führen von Verhandlungen.[5] Im Rahmen von inner- und außerhalb der Organisation stattfindenden Gesprächen besteht häufig die Herausforderung, erfolgreich im Rahmen der eigenen Ziele und Aufgaben Verhandlungen mit anderen Menschen zu führen. Hierfür bedarf es sowohl eines guten Überblicks über alle Handlungsfelder einer Führungskraft als auch hervorragender Kenntnisse oder bestmöglicher Briefings über Fachaufgaben, die es zu vertreten gilt. Sicherlich ist dieser Tätigkeitsbereich einer der schwierigsten für Führungskräfte, da es für erfolgreiche Verhandlungsführung gilt, sowohl Menschenkenntnis als auch ein gutes Gespür für die richtige Platzierung von Aussagen zu entwickeln. Erfahrung spielt herbei eine wesentliche Rolle, da Verhandlungsgeschick per Theorie zu erlernen nahezu unmöglich ist, sofern nicht ein großes Talent dafür bereits vorhanden ist. Im Übrigen haben meine Gespräche mit zahlreichen Führungskräften ergeben, dass Verhandlungsgeschick oftmals als eine talentbasierte Fähigkeit angesehen

---

[3] Nach der Darstellungssystematik von Mintzberg werden diese Tätigkeiten mit der Sprecherrolle beschrieben. Auch die Rolle der Galionsfigur kann zur Erklärung herangezogen werden, passt aber weniger als die Sprecherrolle. Vgl. Mintzberg (1989, S. 15 ff.); Mintzberg (1973, S. 56 ff.).

[4] Man könnte zu dem Schluss kommen, diese Tätigkeit daher unter die einzelnen Handlungsfelder einzuordnen, aber aus Praktikersicht spielt diese Tätigkeit eine so herausgehobene Bedeutung, dass die direkte Zuordnung zu den Managementfunktionen und Handlungsfeldern nicht der Bedeutung dieser Rolle bzw. Tätigkeit gerecht werden würde. Dies bestätigen so auch mehrere Führungskräfte der öffentlichen Verwaltung, die als Praxisexperten hierzu befragt wurden (vgl. Germer, 2020, S. 222).

[5] Zur Vertiefung des Themas Verhandlungsführung vgl. zum Beispiel Rock (2020, S. 1 ff.).

wird. Es soll damit nicht zum Ausdruck gebracht werden, dass nicht dennoch versucht werden sollte, so gut wie möglich auf Verhandlungsszenarien vorbereitet zu sein. Eine erfolgreiche Führungskraft sollte aber auch erkennen, an welcher Stelle gegebenenfalls eigenen Beschäftigten oder anderen Führungskräften der Vortritt bei Verhandlungen gegeben werden sollte, sofern dies möglich ist. Es wird aber stets Fälle geben, in denen dies nicht möglich ist, dafür gilt es, bestmöglich vorbereitet zu sein. Die inhaltliche Vorbereitung – wie zuvor beschrieben – spielt hier eine wesentliche Rolle, der andere Aspekt wäre, sich zum Beispiel über Fortbildung mit darin eventuell enthaltenen Rollenspielen im Kontext von Verhandlungsführung eine Erfahrungsbasis anzueignen.

Eine weitere von Experten in der öffentlichen Verwaltung als wichtig identifizierte Tätigkeit ist das Networking inner- und außerhalb der eigenen Organisationen. Zwischenmenschliche Netzwerke basieren auf informellen Strukturen (wie unter Abschn. 3.1.3 und 3.1.4 beschrieben).

Die meisten Erklärungen zur Bedeutung von gut aufgebauten Netzwerken finden sich daher auch unter den Beschreibungen im vorgenannten Kapitel zum Handlungsfeld der Organisation. Neben dem Gespür für die spezifischen Organisationskulturen sind Netzwerke ein immens wichtiges Element, um sich erfolgreich in Organisationen zu bewegen, nicht nur für beschleunigte Informationswege, sondern auch für die Identifizierung von Einflussbereichen und gegebenenfalls verbesserte Entscheidungsabläufe eigener Aufgabenbereiche.[6]

Erfolgreiches Networking ist eine ebenfalls schwierig zu erlernende Fähigkeit, da das Zugehen auf und Verbinden mit Menschen der einen Führungskraft Freude, der andere Unbehagen bereiten. An dieser Stelle bleibt der Hinweis wichtig, dass Authentizität (wie unter Kap. 5 beschrieben) auch hier ein Türöffner ist. Nach meinen praktischen Erkenntnissen finden sich offene und extrovertierte Persönlichkeiten unter den Führungskräften der öffentlichen Verwaltung ebenso wie es auch introvertierte und mehr fachlich bezogene Menschen in öffentlichen Organisationen gibt. Wer über noch kein größeres Netzwerk verfügt, sollte daher seine Authentizität beibehalten und sich entsprechend Zeit geben, auf Gleichgesinnte zu treffen. Dies führt in der Regel zu mehr Erfolg als erzwungenes Verhalten. Es bleibt aber auch die von Praktikern festgestellte Beobachtung, dass äußerst extrovertierte Personen gegebenenfalls entsprechend Beeinflussungen im Sinne der beschriebenen Stakeholderaktivitäten (siehe hierzu Abschn. 6.1) verursachen können. Dies bleibt wie im Kapitel über Einflussnahme durch Stakeholder ein wichtiges zu berücksichtigendes Element jeder Führungskraft. Abschließend sei der Hinweis erlaubt, dass es stets wert ist, über eigene Hürden zu springen und gegebenenfalls einen Schritt auf andere zu zu wagen.

---

[6]Zur Vertiefung der Bedeutung und Aufgabe von Networking vgl. zum Beispiel Schreyögg und Koch (2020, S. 16–17, 351, 356); Rudolph (2004, S. 13 ff.) oder Pilz (2009, S. 7 ff.).

9.2   Lessons Learned

In diesem Kapitel wurden weitere Tätigkeiten von Führungskräften beschrieben, die neben den Handlungsfeldern der vorhergehenden Kapitel anfallen. Neben dem klassischen operativen Geschäft, der reinen Aufgabenerledigung, das je nach hierarchischer Ebene und manchmal auch anderen Kriterien mehr oder weniger anfallen kann, obliegen Führungskräften einige weitere wichtige Tätigkeiten, wie die Außendarstellung der Organisation, die Repräsentation und Öffentlichkeitsarbeit sowie Networking und Verhandlungsführung. Die Bedeutung dieser weiteren Führungskräftetätigkeiten wurde in diesem Kapitel beschrieben.

Wichtige Kernbotschaften in diesen Tätigkeitsbereichen von Führungskräften sind die folgenden:

- Die Übernahme operativer Aufgaben kann mit Vor- und Nachteilen verbunden sein.
- Zum einen werden Führungskräfte, die für ihre Beschäftigten einspringen können oder von sich aus schwierige operative Aufgaben übernehmen, mit einer positiven Wahrnehmung ihrer Person als Führungskraft assoziiert.
- Nachteil bei der Übernahme operativer Aufgaben sind die zeitlich begrenzten Ressourcen. Wer operativ arbeitet, hat weniger Zeit für Führungsaufgaben.
- Außendarstellung und gute Repräsentation einer öffentlichen Verwaltung sind aus verschiedenen Gründen wichtig: Neben Markenbildung für die Öffentlichkeit sind auch Aspekte der Personalgewinnungsmöglichkeiten zu berücksichtigen.
- Verhandlungstalent kann schwieriger erlernt werden, Verhandlungsvorbereitung und systematisches Vorgehen für Verhandlungsabläufe aber schon.
- Netzwerke basieren auf informellen Strukturen (vgl. Abschn. 3.1).
- Netzwerke können zahlreiche Vorteile mit sich bringen. So können Informationswege beschleunigt werden, Einflussbereiche gegebenenfalls leichter identifiziert und Entscheidungsabläufe gelegentlich verbessert werden.

Literatur

Germer, K. T. (2020). *Management in der öffentlichen Verwaltung – eine empirische Analyse auf Leitungsbasis*. Tectum.

Germer, K. T. (2021). *Erfolgreiches Verwaltungsmanagement: Grundlagen für Führungskräfte in der öffentlichen Verwaltung*. Springer Gabler.

Hofbauer, H., & Kauer, A. (2014). *Einstieg in die Führungsrolle: Praxisbuch für die ersten 100 Tage. Mit Interviews aus der Praxis* (5. Aufl.). Hanser.

Mintzberg, H. (1989). *Mintzberg on management: Inside our strange world of organizations*. Free Press.

Mintzberg, H. (1973). *The nature of managerial work*. Longman.

Pilz, G. (2009). *Beck Wirtschaftsberater: Networking – Beziehungen und Kontakte nutzen*. Deutscher Taschenbuch Verlag.

Rock, H. (2020). *Field Guide für Verhandlungsführer: Drei Basisstrategien für erfolgreiche Verhandlungen und Konfliktlösungen.* Springer Gabler.

Rudolph, U. (2004). *Karrierefaktor Networking: Gestalten Sie Ihr Karrierenetzwerk.* Haufe Verlag.

Schreyögg, G., & Koch, J. (2020). *Management. Grundlagen der Unternehmensführung. Konzepte – Funktionen – Fallstudien* (8. Aufl.). Springer Gabler.

Zusammenfassung

In diesem Kapitel werden die wichtigsten Erkenntnisse dieses Buches zusammengefasst. In der Quintessenz aller vorhergehenden Kapitel wird ein exemplarischer Praxisleitfaden dargestellt, der die Zusammenfassung der wichtigsten Kapitelerkenntnisse beinhaltet. Mithilfe dieses Kapitels wird das Aufbauraster, das anfangs dargestellt wurde, für die Praxis instrumentalisierbar gemacht und eine Struktur dargestellt, wie den Empfehlungen aller vorhergehenden Kapitel dieses Buches hin zu einem erfolgreichen Management und Führungskräftealltag gefolgt werden kann.

10.1 Erfolgreiche Praxisanwendung und Beispiel eines Praxisleitfadens

Die Frage, die mit diesem Buch genauer betrachtet wurde, lautete, wie sich der Praxisalltag von Führungskräften erfolgreicher gestalten lässt. Dafür war es erforderlich herauszufinden, wie ein Führungskräftealltag aussehen kann und wie er sich gut systematisieren lässt.

Bei einem Blick in die zahlreichen wissenschaftlichen Veröffentlichungen zum Thema Management und Führungskräfteaufgaben finden sich oftmals komplexe Beschreibungen zu den Fragen, was Führungskräfte in ihrem Arbeitsalltag machen und wie Management aussehen könnte. Hintergrund solch komplexer Ausführungen ist oftmals, die in der praktischen Realität tatsächlich als komplex vorzufindende Welt genauestens zu beschreiben. Für den Führungskräftealltag bedeutet diese Komplexität in den Beschreibungen aber oftmals, dass es an anwendungsorientierten und leicht zu erfassenden Hilfestellungen für eine bessere und erfolgreichere Umsetzung in den alltäglichen Führungsaufgaben mangelt.

Blickt man in theoretische Veröffentlichungen, so kommen viele Autoren zu der Erkenntnis, dass nicht präzise zu klären sei, was Inhalt von Management sei und was Führungskräfte dabei genau machen. Ebenfalls sei teils mehr unklar, wie Management wirke. Rüegg-Sturm schlussfolgert daher, dass Management nach seiner Auffassung eine „Black Box" sei (vgl. Rüegg-Stürm & Grand, 2014, S. 26).

In einer anderen Veröffentlichung wird folgende Erkenntnis von einem der Urdenker des Managements, Herbert Simon, festgehalten:

> was ist Management anderes als „the art of getting things done", wie Herbert Simon sagte? (Lenk, 2017, S. 120).

So verwendet Simon auch die Formulierung:

> Administration is ordinarily discussed as the art of getting things done (Simon, 1997, S. 1; vgl. auch Germer, 2020, S. 43).

Zwischen diesen beiden Aussagen stellt sich für die Praxisanwendung die Frage, was genau machen Führungskräfte und wie können die Aufgaben, nachdem sie bestimmt sind, erfolgreicher gestaltet werden?

Nachdem in Kap. 1 festgestellt werden konnte, dass Führungskräftealltage sehr unterschiedlich vom Ablauf her ausfallen können und Führungskräfte mit unterschiedlichsten Herausforderungen konfrontiert werden, konnte mittels der beschriebenen Systematik aus Theorie und Praxiserkenntnissen ein Raster gefunden werden, um die Handlungsfelder von Führungskräften zu beschreiben (vgl. Abschn. 1.2). Die Kap. 2 bis 9 befassen sich im Einzelnen mit der Ausgestaltung dieser Handlungsfelder und zeigen Wege auf, wie mit möglichst geringer Komplexität der Führungsalltag erfolgreich gestaltet werden kann und wie „the art of getting things done" aussehen könnte.

Mithilfe des in Abb. 10.1 dargestellten Praxisleitfadens, der auch im Sinne einer Checkliste Verwendung finden kann, werden die einzelnen Kapitel noch einmal übersichtlich und einprägsam dargestellt. Der Leitfaden folgt in seiner Darstellung auch dem Aufbau des Buches und seiner Kapitel.

Ein wichtiger Hinweis zu der Abbildung ist, dass die Schwerpunkte fallweise auf unterschiedlichen Handlungsfeldern und Aufgaben verteilt liegen können, manchmal sind einige Punkte der Checkliste für ein bestimmtes Entscheidungsproblem vielleicht weniger relevant, sie können in diesem Fall unbeachtet bleiben. Eine reflektierte Betrachtung des Praxisleitfadens und die Frage, welche Elemente welche Priorität haben sollten, können einer Führungskraft aber nicht abgenommen werden. Der Praxisleitfaden bietet eine Struktur an, mit deren Hilfe Entscheidungen und Prioritäten besser eingeordnet und getroffen bzw. festgelegt werden können. Ein aktives Handeln zu einer Festlegung oder Entscheidung muss abschließend aber von jeder Führungskraft selber

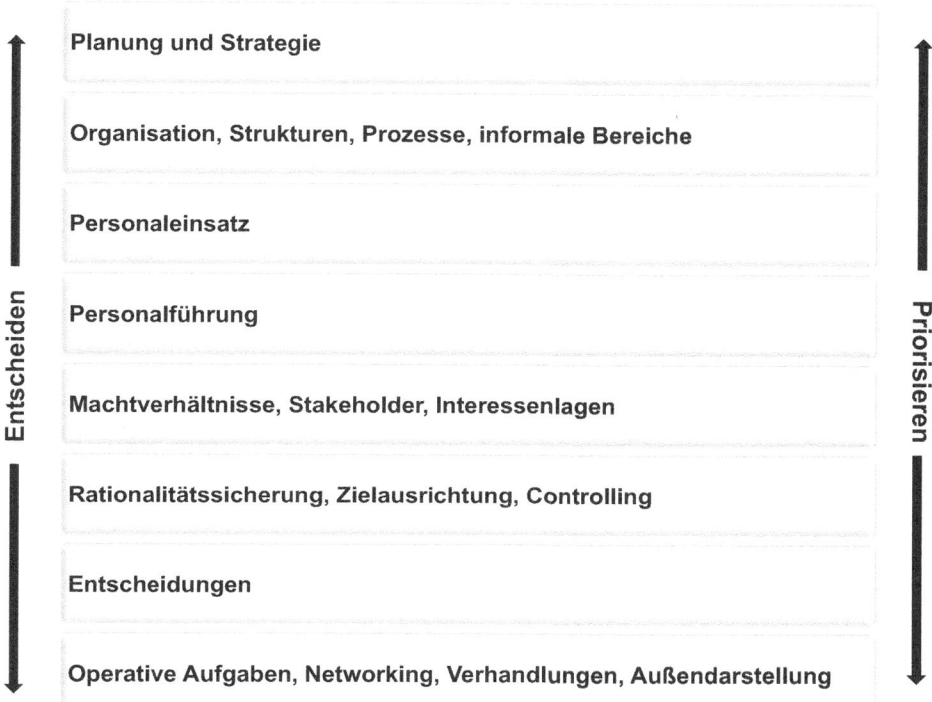

Abb. 10.1 Praxisleitfaden für Führungskräfte

sichergestellt werden. An dieser Stelle wird auf die Erläuterungen zur Entscheidungsfreude, Fehlertoleranz und Erforderlichkeit von Aktivität hingewiesen (Abschn. 8.1).

Die Zusammenfassungen zum Abschluss jedes Kapitels in den Abschnitten „Lessons
Learned" bieten die Möglichkeit, die einzelnen Kapitel in prägnanter Zusammenschau
zu überblicken und Essentials und wichtige Basics gedanklich in Erinnerung zu behalten.

Die einzelnen Instrumente, wie sie am Ende der jeweiligen Kapitel dieses Buches
zusammengestellt sind, können dabei helfen, sich in den einzelnen Handlungsfeldern
besser zu bewegen. Eine geeignete Instrumentenauswahl, die letzten Endes jeder
Führungskraft obliegt, hilft daher dabei, die einzelnen Bereiche erfolgreicher umzusetzen.

Deutlich wurde auch, dass beim Einsatz von Instrumenten in öffentlichen Verwaltungen auf eine Passgenauigkeit zu den vorherrschenden Gegebenheiten der eigenen
Verwaltungsorganisation zu achten ist und nicht jedes Instrument einfach eins zu eins
implementiert werden kann (vgl. Germer, 2021, S. 167–170 sowie Germer, 2020, S. 103
und 264–265).

Hinsichtlich der Umsetzung der einzelnen Aufgaben in den Handlungsfeldern und
zur erfolgreichen Anwendung von Instrumenten können einige Kompetenzen hilfreich

sein, die Führungskräfte sich bspw. über Erfahrungsbildung oder Fortbildungen aneignen können. Hierzu wird abschließend ein Beispiel einer Systematisierung von Kompetenzen vorgestellt.

So lassen sich zum Beispiel die vier nachfolgenden Kompetenzen (in der Literatur auch als Schlüssel-Kompetenzen bezeichnet) benennen:

1. technische Kompetenz: Kompetenz, theoretisches Managementwissen zu beherrschen und Methoden auf den Einzelfall anwenden zu können,
2. soziale Kompetenz: Kompetenz von Kooperationsbereitschaft und Empathie, mit anderen zusammenzuarbeiten und mit ihnen wirken zu können,
3. konzeptionelle Kompetenz: Kompetenz, Komplexes zu strukturieren und Handlungskonzepte zu entwerfen,
4. digitale Kompetenz: Kompetenz, in digitalen Strukturen zu denken und auch Denkweisen eines digitalen Naturells zu akzeptieren (bspw. „trial and error" oder „Troubleshooting", die bei der Lösung von IT-Problemen zur Anwendung kommen).[1]

Die beschriebenen Kompetenzen können dabei helfen, Führungsaufgaben im Alltag besser umzusetzen und sich sicherer in den einzelnen Handlungsfeldern zu bewegen. Insbesondere die digitale und die soziale Kompetenz greifen hierbei aufgrund der Entwicklungen hin zu vermehrter Führung von nicht Vor-Ort-Mitarbeitenden im Homeoffice ineinander und sind entsprechend zusammen mit der technischen, der Methodenkompetenz aufeinander abzustimmen, um aktuellen Herausforderungen in der öffentlichen Verwaltung besser begegnen zu können.

Abschließend wird zur Anwendung des Praxisleitfadens ein Vorschlag unterbreitet, der ein Vorgehen danach und die Einbindung in den Arbeitsalltag erleichtern soll.

In drei einfachen Schritten kann so mit dem Leitfaden und den Kapiteln dieses Buches Führung erfolgreicher in den Arbeitsalltag integriert werden:

1. Blicken Sie auf die Struktur des Praxisleitfadens und gehen Sie gedanklich die einzelnen Punkte durch.
2. Bei Bedarf kann (auf Punkt 1. aufbauend) vom Praxisleitfaden ausgehend ein Blick in das dazugehörige Kapitel geworfen werden, der Abschnitt „Lessons Learned" bietet sich als Einstieg dafür an.
3. Im dritten Schritt können (auf die Punkte 1. und 2. aufbauend) die Elemente eines Handlungsfeldes in den jeweiligen Kapiteln vertieft werden. Entsprechende Instrumente können für eine erfolgreiche Gestaltung herangezogen werden.

---

[1] Vgl. Germer (2021, S. 106–107) sowie Germer (2020, S. 62) unter Bezugnahme auf Katz (1974, S. 90 ff.); sowie in eine deutsche Fassung übertragen durch Schreyögg und Koch (2020, S. 21–25). Vgl. auch Enders (2004, S. 31–32). Zur digitalen Kompetenz vgl. Markus und Meuche (2022, S. 184–187) oder Lorse (2017, S. 299 ff.).

Mit den vorgenannten Ausführungen sollten Führungskräfte sich optimalerweise gut vorbereitet fühlen für die Wahrnehmung ihrer Führungsaufgaben in ihrem praktischen Alltag. Das Treffen von Entscheidungen sollte leichter von der Hand gehen. Sowohl für Führungskräfte als auch für alle Mitarbeitenden und Organisationen insgesamt sollte somit ein Mehrwert entstehen, der aus der erfolgreichen Anwendung des hier Gelernten und einer erfolgreichen Gestaltung des Führungskräftealltages entsteht.

Ich wünsche Ihnen daher zum Abschluss viel Erfolg bei der Anwendung der Erkenntnisse aus diesem Buch und eine gute und erfolgreiche Hand bei der Wahrnehmung Ihrer Führungsaufgaben.

Literatur

Enders, A. (2004). *Management competence. Resourced-based management and plant performance.* Springer.

Germer, K. T. (2020). *Management in der öffentlichen Verwaltung – Eine empirische Analyse auf Leitungsbasis.* Tectum.

Germer, K. T. (2021). *Erfolgreiches Verwaltungsmanagement: Grundlagen für Führungskräfte in der öffentlichen Verwaltung.* Springer Gabler.

Katz, R. L. (1974). Skills of an effective administrator. *Harvard Business Review, 52*(5), 90–102.

Lenk, K. (2017). Transdisziplinäre Verwaltungswissenschaft. *Verwaltung und Management. Zeitschrift für moderne Verwaltung, 3,* 115–127.

Lorse, J. (2017). Führungskräfte 4.0 – Neue Herausforderungen in einer digitalisierten Verwaltung. Verwaltung und Management. *Zeitschrift für moderne Verwaltung, 6,* 298–307.

Markus, H., & Meuche, T. (2022). *Auf dem Weg zur digitalen Verwaltung. Ein ganzheitliches Konzept für eine gelingende Digitalisierung in der öffentlichen Verwaltung.* In: Edition Innovative Verwaltung. Springer Gabler.

Rüegg-Stürm, J., & Grand, S. (2014). *Das St. Gallener Management-Modell, 4. Generation – Einführung.* Haupt.

Schreyögg, G., & Koch, J. (2020). *Management. Grundlagen der Unternehmensführung. Konzepte – Funktionen – Fallstudien* (8. Aufl.). Springer Gabler.

Simon, H. A. (1997). *Administrative behavior: A study of decision-making processes in administrative organizations* (4. Aufl.). Free Press.

Stichwortverzeichnis

© Der/die Herausgeber bzw. der/die Autor(en), exklusiv lizenziert an Springer-Verlag GmbH, DE, ein Teil von Springer Nature 2023
K. T. Germer, *Praxisleitfaden für Führungskräfte im öffentlichen Dienst,*
https://doi.org/10.1007/978-3-662-66679-1

The manufacturer's authorised representative in the EU is Springer
Nature Customer Service Centre GmbH, Europaplatz 3, 69115 Heidelberg,
Germany. If you have any concerns regarding our products, please
contact ProductSafety@springernature.com

Printed and bound by CPI Group (UK) Ltd, Croydon, CR0 4YY
24/04/2026
02096341-0019